哈佛家训大全集

张艳玲 ◎ 编著

民主与建设出版社
·北京·

©民主与建设出版社，2018

图书在版编目（CIP）数据

哈佛家训大全集 / 张艳玲编著. — 北京：民主与建设出版社，2018.1

ISBN 978-7-5139-1917-3

Ⅰ.①哈… Ⅱ.①张… Ⅲ.①家庭教育–通俗读物 Ⅳ.①G78-49

中国版本图书馆CIP数据核字（2018）第012399号

哈佛家训大全集
HAFO JIAXUN DAQUANJI

| 出 版 人：许久文
| 编　　著：张艳玲
| 责任编辑：王　倩
| 出版发行：民主与建设出版社有限责任公司
| 电　　话：（010）59419778　59417747
| 社　　址：北京市海淀区西三环中路10号望海楼E座7层
| 邮　　编：100142
| 印　　刷：三河市天润建兴印务有限公司
| 版　　次：2018年4月第1版
| 印　　次：2018年4月第1次印刷
| 开　　本：710mm×1000mm　1/16
| 印　　张：17
| 字　　数：130千字
| 书　　号：ISBN 978-7-5139-1917-3
| 定　　价：39.80元

注：如有印、装质量问题，请与出版社联系。

前 言
PREFACE

人生是一部丰富绮丽的辉煌巨著，社会是一幅斑驳陆离的图画，有些人在这个社会纵横驰骋，活出精彩；有些人一生默默无闻，甚至在这个瞬息万变的大时代面前无所适从。而人生的成功，往往是童年时期打下的基础。在美丽的青葱岁月里，我们的孩子如何适应社会，在复杂的成长环境里生存发展，让生命既充满阳光和雨露，又承受相应的社会责任和义务，是当今每一位家长必须面对的现实问题。

孩子是父母的希望，也是社会的希望。作为父母，我们有责任帮助他们成长，然而，对于孩子的心灵培养如果太过生硬，不仅不能给他们力量，反而会给他们的心灵留下创伤。因此，一切美好的心灵、道德、情操的熏陶是非常必要的。

哈佛大学被誉为高等学府王冠上的"宝石"，300多年间，先后培养出8位美国总统、40位"诺贝尔奖"获得者、32位"普利策奖"获得者，以及数以百计的世界级财富精英，为商界、政界、学术界及科学界贡献了无数成功人士和时代巨子。对于许多人来说，"哈佛"不仅是一所大学的名字，更是一种精神和智慧的象征。哈佛大学教授威廉·詹姆斯曾说："哈佛的环境不只允

前言
PREFACE

许，而且鼓励人们从自己的特立独行中寻找乐趣。相反的，如果有朝一日哈佛想把她的孩子塑造成单一固定的性格，那将是哈佛的末日。"哈佛的教育理念值得我们借鉴，哈佛的成长智慧应该成为指引我们人生的航标。

本书精选了古往今来成功的教育故事，深入浅出地道出教育孩子的真谛，希望通过哈佛大学独特的教育智慧和教育理念给每位父母以启发，从而用正确的方式培养自己的孩子，要坚信，我们的孩子不一定是学习成绩最优秀的，但将来一定可以是最成功的。

哈佛经验蕴含着深刻的哲理，每位读者读后都会有所感悟。也许本书不能够点石成金，但其中的书香一定能够熏染您，让您在阅读它时，可以从中获得一点感动，受到一点启迪。

目 录
CONTENTS

第一章
品质——奠定成功的基石

001
- 01 父母就是孩子的参照物 / 002
- 02 诚信是人生的第一桶金 / 004
- 03 善良是内心开出的最美的花 / 007
- 04 爱别人多一些 / 010
- 05 发自内心的真诚 / 013
- 06 坚强是孩子最可贵的品性 / 016
- 07 相信自己是最优秀的 / 020
- 08 懂得感恩 / 025
- 09 保持谦虚和低调 / 029
- 10 乐观的人总是看到希望 / 032
- 11 节俭是永不过时的美德 / 035

第二章
梦想——让人生插上翅膀

037
- 01 梦想铸就成功 / 038

02 志向不同，人生的境界也就不同 / 041

03 用坚持伴随梦想飞翔 / 044

04 幸亏你一直坚持自己的梦想 / 047

05 信念与毅力是梦想的翅膀 / 051

06 坚持不懈地朝着目标努力 / 054

第三章
潜能——后天教育比天赋更重要

057

01 认识你自己 / 058

02 找准自己的人生位置 / 061

03 刻苦学习，开发潜能 / 064

04 天才源于后天的培养 / 067

05 人的潜力是无穷的 / 070

06 无论怎样，别忘了给自己充电 / 073

第四章
成败——成功不是偶然，失败绝非命运

077

01 为自己选定一个合适的目标 / 078

02 像狼一样顽强地争取成功 / 081

03 创造力是成功的关键 / 084

04 胜利都是克服困难的结果 / 087

05 把"不可能"从你的字典里删除 / 090

06 黑暗中更应看到光明 / 093

07 每一次坎坷都是一场历练 / 095

08 永远不要拒绝改变自己 / 098

第五章

思想——心有多远，路就有多远

103

01 别让自己成为旧思维的囚徒 / 104

02 一天的思考胜于一周的蛮干 / 107

03 独立思考最重要 / 110

04 真理是人的启明灯 / 113

05 成功之路在于独辟蹊径 / 117

第六章

习惯——好习惯才有好人生

121

01 养成终生学习的好习惯 / 122

02 别介意从小事做起 / 126

03 与别人分享荣耀 / 130

04 不断地尝试 / 133

05 把握今天 / 136

06 逃避责罚的习惯是成功的绊脚石 / 140

07 别在无关紧要的人和事上浪费精力 / 144

08 抓住机遇而不是等待机遇 / 148

09 拖延的习惯让你远离成功 / 152

第七章
勇气——走在泥泞的路上，才能留下脚印

155

01 泥泞的路上才会留下脚印 / 156

02 敢于冒险才有可能成功 / 160

03 如果你失去了勇气，你就失掉了一切 / 162

04 勇于承担责任你会越来越强大 / 165

05 敢于挑战权威 / 168

第八章
纪律——没有规矩，不成方圆

171

01 做一个遵守纪律的人 / 172

02 纪律不是限制自由 / 175

03 守纪律才会肯负责 / 179

第九章
弱点——剔除人生的毒瘤，做最好的自己

183

01 冲破自卑的牢笼 / 184

02 懒惰是阻碍成功的毒药 / 187

03 别让过多的欲望占据你的心灵 / 190

04 自负会阻碍成功 / 194

05 依赖令你远离进步 / 198

06 懦弱的人一定会失败 / 202

07 冲动是魔鬼 / 207

08 半途而废终将一事无成 / 210

09 别想一口吃成胖子 / 213

10 实干胜于空谈 / 216

第十章
友谊——让生命充满阳光

219

01 储蓄友情 / 220

02 储存朋友 / 223

03 用真心换真情 / 226

第十一章
处世——点燃智慧之光

229

01 永远不要以貌取人 / 230

02 凡事给别人留有余地 / 233

03 直言直语不一定是优点 / 235

04 只有为别人点燃一盏灯，才能照亮我们自己 / 237

05 学会忍耐，感谢折磨你的人 / 240

06 合作出效益 / 244

第十二章

放下——退一步海阔天空

249

01 牺牲小利获取大利 / 250

02 退一步海阔天空 / 253

03 一时的恩怨何必挂在心上 / 256

04 缺憾也是一种美 / 260

第一章
品质——奠定成功的基石

　　人人都愿意与品行优良的人打交道，没有谁愿意同一个品行不端的人交往。品质是一个人身上最为重要的东西，拥有高尚品质的人散发着一种迷人的气质，它会吸引人们向他靠拢。一个拥有高尚品质的人在社会交往中会胜人一筹。所以，塑造自身的良好品质，是获得成功的基石。

01 父母就是孩子的参照物

父母的一言一行，一举一动对子女都有着言传身教和潜移默化的作用。

普天下的父母都希望自己的孩子能成为才德兼修的人，但父母的教育往往不得其法。人之初，性本善，性相近，习相远。人刚出生时都一样，只不过随着后天的环境而各有差异。这其中，教育，尤其是父母的言传身教起着一定的主导作用。爱因斯坦曾说："孩子生来都是天才，但往往在求知岁月中，错误的教育方法扼杀了他们的天才。"

哈佛人认为，对于孩子来说，父母是第一任老师和终身老师，也是最好的早教老师。父母的教育观念和教育方法直接影响着孩子的成长。这种教育无处不在，"染于苍则苍，染于黄则黄"，父母在日常生活中与孩子接触就是对孩子进行无声的教育。父母的一言一行，一举一动对子女都有着言传身教和潜移默化的作用。

父母是孩子最好的老师，因此在教育孩子之前，要以身作则，为人表率，因为孩子是最善于模仿父母的，其言行、举止、人品等等都会对孩子产生直接影响。教育孩子首先要牢记"身教胜于言传",如果父母在工作中积极学习,不断钻研,那么孩子也会是爱学习、肯钻研的人;如果父母待人如己,孩子也会对朋友忠诚守信;父母孝敬老人,孩子才可能尽孝道;父母遇到困境时充满自信,孩子才可能面对挫折不断追求。但是如果父母不严格要求自己,孩子则近墨而黑。比如,带着孩子一起闯过了一次红灯,孩子下次也会单独闯红灯;当父母在禁止吸烟的场所吸烟,孩子成年以后也可能不分场合地吸烟;当父母随地吐痰,孩子也会随地吐痰;当父母在酒桌上推杯换盏之际,孩子也会学着喝酒;当父母收到别人的礼品甚至是贿赂让孩子去享用时,孩子也会用同样的方法去贿赂别人。

　　心理学家发现:父母的养育风格,不仅会影响父母与孩子之间的情感关系,而且会影响孩子的学习效果、生活品质和工作质量。托尔斯泰说:"在一个家庭里,只有父亲能自己教育自己时,才能产生孩子的自我教育。没有父亲的先锋榜样,一切与孩子进行自我教育的相关谈话都将变成空谈。"

　　孩子学习,你也学习,孩子不学习,你要带动孩子学习;和孩子一起阅读,一起交流,引导孩子从小就养成读书的习惯;与孩子一起亲近自然,从中汲取营养,学习知识,培养兴趣,陶冶情操,孩子的美好品质就会慢慢地培养起来。

02 诚信是人生的第一桶金

诚信是做人、立业之本，我们每个人都应从自身做起，恪守诚信，使之成为为人处世的准则。

有一位贤明且受人爱戴的国王老了，由于膝下无子女，便决定在全国范围内挑选一个孩子作为义子，把王位传给他。

有一天，他给孩子们每人发了一些花种子，并宣布谁如果用这些种子培育出最美丽的花朵，就收谁为义子。

孩子们领回种子后，开始精心培育。从早到晚，浇水、施肥、松土，谁都希望自己能够成为幸运者。

有一个男孩也整天精心地培育花种。但是，10天过去了，一个月过去了，花盆里的种子连芽都没冒出来，更别说开花了。

这个男孩去请教母亲，母亲建议他把土换一换，但依然无效，母子俩束手无策。

国王定好的观花的日子到了，孩子们涌向街头，各自捧着盛开的花，等着国王的巡视。

那个男孩无精打采地站在那群孩子中间,眼里含着泪花。国王把他叫到跟前问道:"你为什么端着空花盆呢?"

男孩把自己如何精心侍弄,但花种怎么也不发芽的经过说了一遍,还说自己曾在别人的花园里偷过一个苹果吃,花种不发芽是报应。

国王听了男孩的话,一把抱过他,说:"孩子,我找的就是你。"

国王见大家一脸疑惑,说:"我发下的花种全部都是煮过的,根本就不可能发芽开花。"

捧着鲜花的孩子们都低下了头,他们全都换了别的种子。

诚信是一种美德,他可以让你获得真正的朋友,使别人会为你而感动,甚至会改变你的命运。

哈佛学子、"美国文明之父"爱默生曾说："诚实的人必须对自己守信，他的最后靠山就是真诚。"富兰克林说："诚实和勤勉，应该成为你永久的伴侣。"

在哈佛，每一个学生都懂得，诚信是一个人的立身之本，是一切美德和能力的基础，一个人如果失去了诚信，他将失去一切。人可能有许多美德：勇敢、智慧、服务、创造力、帮助、乐观等，但一个不诚实的人，会失去这一切，因为基础没有了。"无诚则有失，无诚则招祸"，那些践踏诚信的人也许能得利于一时，但终将作茧自缚，自食其果。

每个人在希望别人对自己诚信、守诺时都要了解，别人对自己也怀有相同的渴望。诚信如同一轮明月，皎洁明丽，普照大地，以它的清辉驱尽人间的阴影。诚信待人，付出的是真诚和信任，赢得的是友谊和尊重，无论时空如何变幻，都闪烁着诱人的光芒。

追溯中国悠久的文明史，"信"可以说是儒家文化核心价值之一。中国的君子以信为立身之本和待人的黄金原则。

子曰："人而无信，无知其可也。"古往今来的伟人或社会精英莫不是以诚信为本，所以才能实现人生的辉煌。

人年轻时要赶快积累知识和财富，同样也要注重德行的修养。诚信是做人、立业之本，我们每个人都应从自身做起，恪守诚信，使之成为为人处世的准则，只有这样，我们的人生才能绚丽多彩，我们的社会才会不断地进步。

03 善良是内心开出的最美的花

善良是一种远见,一种自信,一种精神,一种智慧,一种以逸待劳的沉稳,一种快乐与达观。

生长在北极圈附近的人们靠狩猎为生。对于猎人来说,猎杀貂是一件很容易的事,不像猎杀北极熊之类的大动物风险那么大,并且身手笨拙的猎人可能会因此而搭上身家性命,而猎杀貂的风险就小多了。虽然貂的肉很少,但貂皮却可以卖上一个好价钱。

美国的一位摄影记者曾经记录了猎人猎杀貂的过程,十分残忍。

夜幕降临时,猎人穿上厚厚的棉衣出发,到貂经常出没的地方躺下,假装快要冻死的样子。貂生性慈悲,看到有人卧在雪地里,它们会从暖暖的洞穴里跑出来,用自己的身体温暖那些假装冻死的人。于是,猎人就轻而易举地抓到了貂。

这种令人齿寒的捕貂方法被记者报道后,引起了美国动物保护协会的抗议,信奉上帝的西方人无法接受,他们认为这是人类最为丑陋最为险恶的行为。

很多人认为,应该对那些惨无人道的猎人加以制裁,希望通过政府的力量,对该国的经济进行制裁,以惩罚那些捕貂者。

但是,当地人并不认为这有悖于人道。他们认为,这只不过是貂的习性,而这种捕貂的方法更是流行了上千年,他们的祖祖辈辈一直是这样捕貂的。

但严厉的谴责还是让那些捕貂者,重新认识到了自己的行为,迫于舆论压力,当地开始制止这种忘恩负义的捕貂行为。

在经过十几年的禁猎后,这种捕貂行为被当地猎人所废弃,如果还有人采用这种捕貂方法,会被同行所不齿,且无法加入猎人组织行列。

无论是在自然界还是人类之中,善良都是最美好的品德。罗素说:"在一切道德品质之中,善良的本性在世界上是最需要的。"

善良是医治心灵创伤的最好的药物。同善良的人接触,会使人的智慧得到启迪,灵魂变得高尚。

善良不仅是一种美好的品德,更是心理养生必不可少的营养素。心存善良的人都拥有良好的心理状态。当他们助人为乐的时候,心中就会充满欣慰之感;当他们与人为善的时候,心中就会充满愉悦之感;当他们光明磊落的时候,心中就会充满轻松之感。这些美好的心理状态可以把体内血液的流量

第一章
品质——奠定成功的基石

和神经细胞的兴奋度调节到最佳状态,从而提高机体的抗病能力。

送人玫瑰,手有余香。宽厚待人,对人善良,愉悦了别人的同时,还会给自己带来身体和心灵的双重好处。

在哈佛毕业生的身上,你能看到精明与干练、聪慧与踏实,也能看到诚实与坚强,自信与善良。

哲人说,善良是爱开出的花。善良是哈佛学子优秀的品质,是心地纯洁、没有恶意,是看到别人需要帮助时毫不犹豫地伸出自己的援助之手。

对于高尚的人来说,他们的品性中蕴藏着一种最柔软,但同时又最有力量的情愫就是善良,它是人性中最基本的品格,也是人性里最为朴实的美。

就像人的肉体来到尘世,不可能超然于物外一样,灵魂也不可能纤尘不染。被太多自我意识浸染过的灵魂,是会变得越来越沉重的;但经过善良洗涤的灵魂,却是会变得越来越轻灵的。

我们所感受到的善良,有时像天使的一片洁白轻柔的羽毛,让人感觉到温暖,让人感觉到希望;有时又像大力神赫拉克勒斯宽阔厚实的胸膛,让人感到无比的振奋,让人感到无比的力量。

善良的品质不是人人都具有的,但却人人都能感受得到它的存在;善良不是人们与生俱来的附着物,但却能够在净化自我心灵的过程中得到人格的升华。

一位智者曾经说过:善良是一种远见,一种自信,一种精神,一种智慧,一种以逸待劳的沉稳,一种快乐与达观……只要我们自己本身是善良的,我们的心情就会像天空一样清爽,像山泉一样清纯!

善良从来就与正直、爱心、悲悯为伍,与邪恶、阴毒、冷漠为敌。清澈的水来自雪山之巅,人的善良来自洁净的心底。善良是一种发自内心的本能,是人们心中最美的力量之花。我们不能苛求每一个平凡的人,都拥有崇高的品德,但只要做到自己心存善良,那么这个世界就一定会更加美好。

04 爱别人多一些

即使是对你不认识的人付出,你也会收到一样的快乐,只要对方因为你的真诚付出而感到快乐。

汉斯外形俊朗,风度翩翩,脸上还时常挂着笑容,工作也极为认真尽责。但是他的朋友却少得可怜,他自己不知道问题出在什么地方,周围的人也说不清为什么不喜欢他,尽管他并不招人烦。

揭开谜底的是下面的这段对话:

心理医生:"你认为自己与众不同吗?"

汉斯:"某些地方是这样的。"

心理医生:"是因为你才华横溢、长相出众吗?"

汉斯:"才华横溢倒谈不上,应该说我长得还不赖。"

心理医生:"所以,你觉得大多数人不如你。"

汉斯:"不全是这样,不过可以这么说。"

心理医生:"但是你的工作不是由长相来完成的。你的能力并不比别人

第一章
品质——奠定成功的基石

强多少,仅仅因为'长得不赖',就有了优越感,只爱自己不爱别人。反过来想,你也不愿意和这样的人交朋友。记住:滥用出色的外表只能给你带来烦恼。"

相信汉斯后来一定交到了很多朋友。因为他从医生那里找回了两颗心:一颗是平常心,一颗是爱心。平常心让他放低自己,不因为自己的某一个出众之处就去漠视别人,应该肯定别人的存在价值,关心别人,并认为他们很重要;爱心是让他以爱换爱,少爱自己,多爱别人,如此交换的结果是更多的人给予他更多的爱,最终使他成了拥有爱的富豪。

当你付出的时候,会感受到别人的快乐,故而觉得有满足感,即使是对不认识的人付出,你也会收到一样的快乐,只要对方因为你的真诚付出而感到快乐。因此,扩大自己优势的最佳方法之一就是爱更多的人。

如果人人都能及时发现自己的缺点并尽快改之,最终使自己和别人同时受益,那么我们的生活将变得更加美好。但是偏偏有些狭隘之人,拼命抓住自己的一点点小优势不肯与他人分享,最终使之变得比常人更差。

一个女孩走过一片草地,看见一只蝴蝶被荆棘弄伤了,她小心翼翼地为它拔掉刺,让它飞向大自然。蝴蝶为了报恩化作一位仙女,对小女孩说:"因为你很善良,请你许个愿,我将让它实现。"

小女孩想了一会儿说:"我希望快乐。"于是,仙女弯下腰来在她耳边悄悄细语一番,然后消失了。

小女孩果真很快乐地度过了一生。她年老时,邻人问她:"请告诉我们,仙女到底说了什么?"她只是笑着说:"仙女告诉我,我周围的每个人,都需要我的关怀。"

哈佛人告诉我们,在这个世界上,爱人就会被人爱,恨人就会被人恨;给予就会被给予,剥夺就会被剥夺。所以,要想得到爱,首先要去爱,并在爱的过程中享受快乐。

卢梭说过，人在心中应该设身处地想到的，不是那些比我们更幸福的人，而是那些比我们更值得同情的人。同情别人，最好的礼物就是爱。送一份爱给别人，比接受一份爱更快乐。

爱心本身是无价的，它不需要任何回报，需要的是心心相传，恰如古语云："老吾老以及人之老，幼吾幼以及人之幼。"用爱心去换取别人的爱心，只要人人都献出一点爱，世界将变成美好的人间。

第一章
品质——奠定成功的基石

05 发自内心的真诚

　　待人心诚一点，守信一点，能更多地获得他人的信赖与理解，能得到更多的支持与合作，由此可以获得更多的成功机会。

　　从前，有一个专门以制造面具谋生的青年。

　　有一天，他的一位朋友来拜访他。朋友一见面就问他："你近来脸色不大好。到底是什么事使你生气呢？"

　　这位青年纳闷地说："最近没有什么事生气的啊，一直都在工作，连门都没有出。"

　　他的朋友好像不大相信，但也没有继续说什么。

　　过了几个月，那位朋友再度来访，见面就说："你今天的脸色特别好，和从前完全不同。什么事情使你这么高兴啊？"

　　青年还是纳闷地回答："最近没有什么值得高兴的事啊，一直都在工作，连门都没有出。"

　　"不可能的，一定有原因。"他的朋友道。

在他们交谈后,这名青年才想起,原来半年前,他正忙着做魔鬼强盗等凶残的假面具。做的时候眼里看的、心里想的都是咬牙切齿怒目相视的面相,因此自然也表露在他的脸上了,所以看起来很可怕。而最近,他正在制造慈眉善目的假面具,心里所想的,都是可爱的笑容,脸上也就显得自然柔和了。

必须让内心被真实的诚意和爱心覆盖,你的脸上才会自然地出现亲切的笑容,从而让对方感受到你的心意,更加亲近你。

真诚,意味着你的言行都是真实的,不在谎言中生活。你在向别人表明身份和地位时,不会为了给人留下印象而故意夸大其词,或试图装出一副不属于你自己的样子。

当你做到真诚的时候,不会试图相信那些你明知不真实的东西。你不会对别人撒谎,也不会自欺欺人。

真诚,就是知道真实与虚幻之间的区别。你可以既拥有真实又拥有虚幻,但你不能把二者混淆起来。对自己真诚就是按自己真实的个性生活,做真正的自我。

如果一个人不真诚,没有人知道他说的是真话还是假话,别人也无法依靠他的话语去分辨真伪,分辨什么是虚幻的,什么是真正发生的事情。没有了真诚,社会将处于一片混乱。

当人们做到真诚的时候,他们的话就值得信任。他们言为心声、说一不二。真诚可以建立爱与信任的纽带。和诚实、真诚的人在一起,人们就能够知道自己所处的位置。

为人真诚表现在与朋友的交往中,就是以诚相待,说实话、办实事、做老实人,对朋友不可虚情假意,也不可口是心非,切忌对朋友使小心眼,耍小聪明。

人与人相处的润滑剂就是真诚,对待每一个人都一样,以真诚为标准严格要求自己。生活是一面镜子,你付出什么,才会得到什么。真诚对待每一个人，相应的，每一个人都会真诚地对待你。真诚不仅可以解除对方的敌意，还可以激起对方的同情心，使对方不再固执地坚持自己的立场，这就是真诚的力量和价值。

完善的人格魅力，其基本点就是真诚，而真诚待人会赢得人心。待人心诚一点，守信一点，能更多地获得他人的信赖与理解，能得到更多的支持与合作，由此可以获得更多的成功机会。

如果每个人多一点真诚，这个世界就会少一点误会；如果每个人多一点真诚，这个世界就会少一点摩擦；如果每个人多一点真诚，这个世界就会多一点和谐；如果每个人多一点真诚，这个世界就会多一点关怀与爱心。

06 坚强是孩子最可贵的品性

如果一个人拥有了坚强的意志力，那么他就会有克服困难的勇气。

米契尔46岁的时候，在一次很惨的机车意外事故中被烧得不成人形，4年后又在一次坠机事故中后腰中部以下全部瘫痪，但他凭借顽强的意志变成百万富翁、受人爱戴的公共演说家、洋洋得意的新郎官及成功的企业家，他还利用闲暇时间去泛舟、玩跳伞，甚至在政坛角逐一席之地。

那次机车意外事故，把他身上65%以上的皮肤都烧坏了，为此他动了16次手术，手术后，他无法拿起叉子，无法拨电话，甚至无法一个人上厕所，但曾是海军陆战队员的米契尔从不认为自己被打败了。他说："我完全可以掌控我自己的人生之船，那是我的浮沉，我可以选择把目前的状况看成倒退或是一个起点。" 6个月之后，他又能开飞机了！

米契尔为自己在科罗拉多州买了一幢房子，另外也买了房地产、一架飞机及一家酒吧，后来他和两个朋友合资开了一家公司，专门生产以木材为燃料的炉子，这家公司后来成为佛蒙特州第二大私人公司。

第一章
品质——奠定成功的基石

机车意外发生4年后，米契尔所开的飞机在起飞时又摔回跑道，把他背部的十二条脊椎骨全压得粉碎，腰部以下永远瘫痪。

米契尔仍不屈不挠，日夜努力使自己能达到最高限度的独立自主。随后他被选为科罗拉多州孤峰顶镇的镇长，以保护小镇的美景及环境，使之不因矿产的开采而遭受破坏。米契尔后来也竞选国会议员，用一句"不只是另一张小白脸"的口号，将自己难看的脸转化成一项有利的资产。

尽管面貌骇人、行动不便，米契尔却坠入爱河且完成终身大事，拿到了公共行政硕士学位，并持续他的飞行活动、环保运动及公共演说。

米契尔屹立不倒的坚强态度，使他得以在《今天看我秀》及《早安美国》等节目中露脸，同时《前进杂志》《时代周刊》《纽约时报》及其他出版物也都有他的人物特写。

米契尔说:"我瘫痪之前可以做10 000件事,现在我只能做9000件,我可以把注意力放在我无法再做的1000件事上,或是把目光放在我还能做的9000件事上。告诉大家,我的人生曾遭受过两次重大的挫折,而我不能把挫折拿来当成放弃努力的借口。或许你们可以用一个新的角度,来看待一些一直让你们裹足不前的经历。你可以退一步,想开一点,然后,你就有机会说:'或许那也没什么大不了的!'"

人在一生当中,难免会遇到挫折,遭受苦难,挫折和苦难可能使人不断消沉,也可能使人的意志更加坚强,继续向命运挑战。苦难是人生的一位良师,它能教给人们学会用积极的态度、感激的心情对待一切问题,培养坚强的意志,敢于面对困难,解决困难。

成功者正是靠着坚韧不拔的品质,使自己从社会的底层走向成功。生活中,幸运只会降临在那些具备坚韧精神、为最终胜利孜孜不倦付出的人身上,而缺乏了这种精神的人,哪怕成功近在咫尺,也会与它失之交臂。

如果一个人拥有了坚强的意志力,那么他就会有克服困难的勇气。因此,坚强的意志力是一个人成功的关键因素,是人行为的持久动力。为此,父母应当有意识地培养孩子坚强的意志力,让孩子多吃一些苦。

今天的孩子生活在一个富有的年代,优越的生活条件已经使他们不知道什么是贫穷与艰难。很多父母的通病就是过分溺爱自己的孩子,把他们当做"小皇帝"供在家里。过分溺爱孩子的后果是让孩子变得懒惰、脆弱、娇气、依赖性强、不思进取……

这是一个值得每个家庭注意的严峻的问题。

哈佛人认为,不可过分溺爱孩子,要从小培养孩子坚强的品性,让他们学会正确面对挫折。要让孩子知道"失败是成功之母",以此激发孩子奋进,取得成功。

苦难能增强孩子的意志力,父母应该理性地去对待孩子,给孩子一个适合发展的环境,有意识地让孩子吃一些苦,让孩子有足够的意志力,去面对未来复杂而竞争激烈的社会。

心理学家曾表明,一个人的智商与一个人的成就不是成正比的,成就高的人不一定智商过人,智商高的人并不一定成就高。但意志力的强弱差异却与个人的成就大小有着明显的关系。

在以色列有一所"鲸鱼学校"。这所学校就是让孩子们乘上帆船在一年之内横渡两次大西洋,游遍三个岛,以经受风浪的考验,忍受饥饿的威胁。在校的孩子必须学会驾船、捕鱼、做饭,还要完成考察、读书、讨论等课程。同时,为了熟悉当地的风土人情,他们还要与当地人打交道。孩子们经过这样一番磨炼,大都锻炼成为一个智勇双全的人。

爱孩子是父母的天性,但在爱的过程中一定要清楚:什么才是真正的爱,怎样才能爱得有价值、有意义。人的一生不可能是风平浪静、一帆风顺的,给孩子苦难的教育与适当的磨难,教导孩子正确对待失败、挫折,从失败和挫折中总结经验,吸取教训,培养孩子良好的心态和百折不挠的坚强意志,会使孩子终生受益。

在生活中,困难与挫折是不可避免的,孩子在成长的过程中免不了会在困难中跌倒,要让孩子明白失败并不可怕,可怕的是跌倒了爬不起来。哈佛人坚信:如果在连续多次跌倒以后,一个人还能充满斗志,不言放弃,那么他就是一个值得敬佩的人,也一定会是一个有所作为的人。

07 相信自己是最优秀的

如果将帅充满自信,则可增强部下英勇杀敌的勇气。这就是为什么说一个狮子领导下的一群羊可以战胜一只羊领导下的一群狮子的原因。

一位风烛残年的哲学家很想找一位优秀的关门弟子。他觉得自己的助手不错,但不确定助手是否有足够的勇气和信心,于是他把助手叫到床前说:"我的蜡所剩不多了,得找另一根蜡接着点下去,你明白我的意思吗?"

"明白,"助手赶忙说,"您的思想光辉是得很好地传承下去。"

"可是,"哲学家说,"我需要一位最优秀的承传者,他不但要有相当的智慧,还必须有充分的信心和非凡的勇气……你帮我寻找和发掘一位好吗?"

助手温顺地说:"好的,我一定会竭尽全力去寻找的。"

此后的日子里,勤奋的助手不辞辛劳地领来一位又一位,但都被哲学家谢绝了。半年之后,哲学家眼看要告别人世,但最优秀的人选还没有眉目。助手非常惭愧,泪流满面地坐在老师的床边,愧疚地说:"我真对不起您,让您失望了。"

第一章
品质——奠定成功的基石

"失望的是我,对不起的却是你自己,"哲学家哀怨地说,"最优秀的其实就是你自己。"

如果你对众人说:"你们都是有价值的人,都有能力创造美好的未来。"绝大多数的人会苦笑着说:"成功不可能属于我,我生来是一个苦命的人,注定一生一事无成。"而只有少数人会记住这句话,并用它来不断地鼓励自己,最终取得成功。

这个世界上有太多和故事中的助手相同的人,他们不敢相信自己,不敢正视自己,结果把自己给忽略,给耽误,给丢失了。其实,每个人都是最优秀的,差别就在于如何认识自己、如何发掘和重用自己。

当成功的机会敲门时,很多人以为自己已经准备好了,但实际上他们还有一样东西忘带了,那就是自信,于是他们错过了一个又一个宝贵的机会。

丢掉你的自卑心理,重新审视自己并且信任自己,这是迈向成功的第一步。

在西方神话里,金苹果有着神奇的魔力,它能让得到它的人拥有无穷的力量,从而完成任何艰难的任务。其实在我们每个人的内心,都有一个金苹果,那就是乐观自信的心理习惯。你所取得的成就的大小,永远不会超出你自信心的大小。

拿破仑的军队决不会越过阿尔卑斯山,假使拿破仑自己以为此事太难。同样,在你的一生中,假使对于自己的能力心存重大怀疑,或不自信,你也绝不可能成就伟业。

拿破仑就有一个"金苹果",而且还有本事把它变成无数个。据说,只要拿破仑亲临战场,士兵的战斗力量就像充气球似的,立刻勇气倍增。

这话并不夸张,军队的战斗力本来就和将帅紧密相连。将强则兵强,将弱则兵弱。如果统领军队的将帅显露出疑惧慌张,则全军必陷于混乱与军心动摇之中;如果将帅充满自信,则可增强部下英勇杀敌的勇气。这就是为什么说

一个狮子领导下的一群羊可以战胜一只羊领导下的一群狮子的原因。

对于一个人，如果具有坚强的自信，往往可以使平庸的人能够成就不平凡的事业，甚至成就那些虽天分高、能力强，但是疑虑与胆小的人所不敢染指的事业。

成功的先决条件就是充满自信。只有拥有必胜信心的人，才能成功；只有付诸实践、相信自己一定能够有所成就的人，才能达到最终的目的。要想做成一件事，首先必须要有坚定的自信，始终相信自己能够做成任何要做的事。

有许多人一旦稍受挫折，便心灰意冷，提不起精神，他们以为自己的运气正在与他们作对，再挣扎也没有用。只要你稍加留心，就可以发现不少成功的人都曾经失败过，甚至于破产过，但因他们有勇气、有决心，始终没有跌倒，而是更加努力地工作，最终成就了大业。

任何人都要始终保持住自己的自信心。无论遭遇怎样的挫折，也不要意志消沉。一个人如果老是拿不定主意，畏畏缩缩地做事，无异于拦住了自己的前途，这好像水面上的浮萍，任凭水势东漂西荡一般；而一条活鱼，则能够逆着急流，直冲而上。

一个人之所以会失败，多数因素并不是物质所致，而是缺乏自信心的缘故。除了人格之外，人生最大的损失莫过于失掉自信心。当一个人失去自信心时，一切事情都将不会再有成功的希望，正如一个没有脊梁骨的人，永远挺不起腰站直一般。

有勇气、有决心的人，没有什么障碍能够阻挡得住他。班扬被关进了监狱，仍然写出《天路历程》；弥尔顿被挖掉眼睛之后，仍能写出《失乐园》；派克门也是靠着他一往直前的坚韧之心写成《卡里夫尼亚和奥里更的浪迹》；英国邮政总局局长奥西特之所以能获得今日的地位，也无非是由于他做事有必胜的信心。

以上类似事迹，可谓不胜枚举，这些成功人士之所以能够战胜困难，取

第一章
品质——奠定成功的基石

得令人瞩目的成就,完全是自信心使然。自信是成功的第一要素。

一人一世界,就是说,每个人眼中的世界都不相同。

穷人的世界到处都是贫穷,富人的世界满是财富;失败者的世界充满了凄风苦雨,成功者的世界到处是鲜花和掌声。

然而,每个人的世界并不是一成不变的。穷人可以通过努力,拥有充满财富的世界;失败者也可以走进成功……你需要的,只是足够的自信。

面对惊涛骇浪,乐观自信的海燕说:"让暴风雨来得更猛烈些吧!"这话堪称经典。很多时候,缺乏自信并不一定因为出现了困难,而出现了困难往往是因为缺乏自信。

那么,一个人该如何建立自信呢?

方法有很多,比如,你可以记住、理解并时常重复着说:"我是最棒的,我一定能成功!"这是自我暗示的一种形式,是取得成功的一句自我激励语。

威廉·丹福斯是一个有病的孩子,他对此很自卑。他的小学老师鼓励他改变自己的世界,并对他说:"我激励你,你一定会成为学校里最健康的孩子!"

从此,"我激励你"便成了威廉·丹福斯一生自我激励的语句。后来,他果真变成了学校里最健康的孩子,并将这种健康一直保持了下去。

在漫长的事业中,他从未因病而损失一天。他在85岁逝世之前,帮助了数以千计的青年获得良好的健康,他还帮助他们立志高尚,做事刚勇,服务谦逊。

"我激励你!"激励着他建立了美国最大的公司之一——若尔斯通·培里拉公司;"我激励你!"激励着他从事创造性的思考,把负债转化为资产;"我激励你!"激励着他组织美国青年基金会——目的是训练男女青年独立生活的能力。"我激励你!"激励着他写了一本书,名叫《我激励你》。今天,

这本书正在激励着人们把这个世界改造为更好的住所。

自信不仅是一种精神面貌,更是整个人生观与心理状态的展现。心态对于一个人的自信来说是很重要的,一个人要想自信必须先从内心中有一种观念,而且需要毫不松懈地进行自我训练。也许你会认为自己的性格很懦弱,难以成为一个开朗活泼的人。但是,不必担心,只要你调整好自己的心态,就可以改变那种懦弱的性格。

如果你真有那样的打算,那么本周就能成为你极美好、有益的一周。不过,你要将下列方法用于优化自己的性格,并且将这种习惯继续保持下去。

(1)在本周里,不管怎样,你先要背诵30行诗句。要说为什么背诵诗句,因为诗句容易记住,在背诵诗句时,也可以强化自己的性格。

(2)每天要有一个主题,将注意力集中在这个主题上,时间持续5分钟。开始你也许会在内心里以为自己注意力分散,但你要忍耐着将注意力集中在一个目标上,如果每天坚持下去,一周之内,你的注意力就会得到明显改善。

(3)请试着一整天不主动和人讲话,只回答别人的提问。如果有人和你说话,请心情愉快地回答他,然后闭上自己的嘴巴。因为沉默能培养你的涵养,培养你的自制能力。

(4)在前一天晚上设计你一天的活动,按30分钟为一阶段写出第二天的日程表,而且按照日程表行动。

(5)静下心来,回忆你真正觉得愉快的事情。先把快乐的事情逐一写下来,然后尽可能多地陶醉在对往事的回忆之中,真正地体会那些往事的美好。

这样做,开始你也许会觉得像个孩子似的,但如果坚持下去,不久就会出现一个新的你。对你及对别人来说,你都会成为一个更具人情味,意志更坚定、胸襟更宽广的人。

从现在做起,重新定义你自己,每天对自己说:"我行,我可以。"相信过不了多久,你就会感到自己在慢慢变得更加自信,也更加坚韧!

第一章
品质——奠定成功的基石

08 懂得感恩

感恩是一个会心的微笑,一句关爱的话语,一个凝重的眼神,一种温暖的触摸。

赛马场上,一位身着白衣的骑士,骑着一匹枣红色的骏马,像离弦之箭,飞快地超越了所有的选手,获得了冠军。

白衣骑士载誉归来，将枣红马拴在马厩里，给它最好的草料，说："吃个够吧，枣红马，你终于使我实现了多年的理想。"

枣红马吃着草料，高兴地挪动脚步，显得无比自豪。忽然它觉得被什么东西绊了一下，扭头一看，是根竹竿，它十分恼火，就一脚踢开竹竿，说："你在马厩里碍什么事啊？"

竹竿说："我也是主人的马呀！"枣红马轻蔑地笑了："你算什么马？你不过是当柴烧的竹竿。"

白衣骑士听到它们的争吵，走过来，拾起竹竿，把它放在墙角，然后对枣红马说："这不是一根普通的竹竿，是我小时候骑的竹马。从那时起，我就立志要当一名赛马冠军。没有这竹马，就没有你我的今天。"

枣红马听了主人的话羞愧地低下了头。

有这样一个故事：一个生活贫困的男孩为了积攒学费，挨家挨户地推销商品。傍晚时，他感到疲惫万分，饥饿难挨，而他推销得却很不顺利，以至于有些绝望。这时，他敲开一扇门，希望主人能给他一杯水。开门的是一位美丽的年轻女子，她给了他一杯浓浓的热牛奶，男孩感激万分。

许多年后，男孩成了一位著名的外科大夫。一位患病的妇女，因为病情严重，当地的大夫都束手无策，便被转送到了他所在的医院。为妇女做完手术后，他惊喜地发现这位妇女正是多年前在他饥寒交迫时热情地给过他一杯热牛奶的年轻女子，正是那杯热奶使他又鼓足了信心。

结果，当那位妇女正在为昂贵的手术费发愁时，却在她的账单上看到一行字：手术费=一杯牛奶。

有句成语叫"知恩图报"，是说知道自己受了别人的恩惠就要去报答人家，感激人家的恩德。

人要常怀一颗感恩的心。

感恩之心是通往健康的坦途。"天行健，君子以自强不息；地势坤，君

第一章
品质——奠定成功的基石

子以厚德载物。"前半句,是要激励我们大家要每天健康一点点;后半句,是要告诉我们怎样才能达到健康的目的。感恩就是通往健康的捷径。

懂得感恩是种美德,没有当年那位女子,也许不会有这位外科大夫的今天。君子坦荡荡,知恩便图报。所以,替交高额的手术费便是对当年一杯热牛奶的报答。

发脾气会使浊气顺胆经上窜,还会使肝火旺盛,会导致许多疾病的产生。当然,这些问题导致的症状可以通过药物、饮食、穴位按摩、刮痧等多种办法来缓解和治疗,但如不从根本上施医,治好一次,还会再患第二次。感恩的心之大,大到能包容我们所有的不健康心理,心灵被感化,不良情绪全部消失,疾病也就不治自愈了。

从小培养孩子感恩与分享,不仅是一种礼仪,更是一种健康的心态。在犹太人家庭里,父母与孩子之间的爱都不是单向的,而是双向互动的。孩子不只接受来自父母的爱,更懂得爱的反馈和回报。犹太人认为,只有学会分享,孩子将来在学校里、社会上才能更好地与周围的人相处和合作。因为将来的社会不仅是竞争的社会,更是合作的社会。

今天,在大多数的家庭里,由于家里的宠爱,孩子早已习惯了白白的索取,觉得别人为他做任何事情都是应该的,而不知道自己应该学会感谢,学会为别人付出。感恩是一种心态,一种向上的智慧,人生的态度和做人的基本准则,更是一个人的世界观。不会感恩的孩子缺少爱心,也缺少责任心。因此,教育孩子感恩,要从教育他感谢父母开始。

经验告诉我们,教育孩子感恩,不要过于焦急,要教育孩子从小事做起,比如从尊敬老师、帮助老师擦黑板、主动分担父母的家务活儿、为父母分忧等不起眼的实在事做起,着力培养孩子的感恩意识,使他永远不忘父母师长的养育教导,不忘别人对自己的帮助之恩。对于曾经帮助过自己的人,感激之情应该发自内心,而不是只做表面文章,更不能忘恩负义。

事实上，培养家庭责任也是很重要的。父母可根据孩子年龄，指导孩子承担一定数量的家务劳动，也可让孩子参与社区服务。通过这些劳动，让孩子体验到父母的辛劳，使其更加珍惜家庭生活的幸福。

感恩是一个会心的微笑，一句关爱的话语，一个凝重的眼神，一种温暖的触摸。感恩是一种自发的行为，无需旁人提醒，它发自我们内心。感恩之心是一切道德的起源。感恩教育不是给孩子说教，它需要父母的"身教"，因为父母的行为就是一种无声的语言。如果父母不是懂得感恩的人，那么孩子也将不懂得感恩。孩子的学习就是一个不断模仿的过程，而模仿的对象往往就是自己的父母。作为父母则首先要有一颗感恩之心，无论什么时候，都别忘了说一声"谢谢"来表达你的感激之心。

09 保持谦虚和低调

聪明的人会将自己的得意放在心里，而不是嘴上，更不会把它当作炫耀的资本。

一位精通佛学、悟性很高的高僧，在寺院里接待了一位据说是全城佛学造诣最深的学者。这位学者是久闻高僧的大名，前来拜访的。学者落座之后，就滔滔不绝地说起了他的理论。高僧坐一旁微笑着倾听，并在他的话告一段落之后，站起来十分恭敬地给他倒茶。

杯子里的水已经满了，流了出来，可是高僧还在不停地倒。

学者忙提醒高僧："大师，杯子的水满了。"

大师说："茶杯里的水太满了，再倒水就会流出来。"

学者羞愧地闭上了嘴。

自我夸耀往往会引起周围人的反感或善嫉者的陷害，从而成为众矢之的。所谓"出头的椽子先烂"，学会保持一点谦虚和低调，才会更快更好地发展自己。

一个人要保持谦虚的姿态,善于学习他人的长处,以积累更多的经验,进而发展自己的才能,厚积薄发,才能拥有更高的权威。反之,如果一个人自以为是、骄傲自大、目空一切,只能阻碍自己的发展,最终一事无成。

老子说过:"上善若水。"意思是说,最好的善,就像水一样。水可以根据容器的形状,而呈现相应的形。水往低处流,地势越低,汇聚的水越多。谦虚是一种美德,与老子说的"善"都像水一样,虽然柔弱,却能滴穿最坚硬的石头。谦虚之所以具有如此强大的力量,是因为谦虚的人,如水一般,把自己的心态放得很低,别人只要有一点长处,马上就可以看到并学到,渐渐地,能力、智慧、人生的境界,就在不知不觉中日臻完善了。

孔圣人说:"三人行,必有我师焉。择其善者而从之,其不善者而改之。"意思是在众人之中一定有值得我学习的东西,因而要虚心学习别人的长处，把别人的缺点当镜子，对照自己，有则改之，无则加勉。所以，敏而好学，不耻下问，虚怀若谷，应该成为每一个人成长的必要修养。

为人处世趾高气扬，目空一切其实不是什么好事，尤其是正处于积累知识和能力时期的青少年，更不要以为自己非常出色，时时表现自己，要培养高调做事、低调做人的良好品德。子曰："四时行焉，百物生焉，天何言哉？"即天地于万物，居功至伟，但从不夸饰。一个人也应"无伐善，无施劳"，不要到处夸耀和表白自己的功劳。不仅如此，还要深知"尺有所短，寸有所长"的道理，应该尊重他人，并向他人虚心请教。

得意忘形是人生的大忌，"小马初行嫌路窄，大鹏展翅恨天低"，莫忘月盈则亏，乐极生悲之训，要内敛自谦，以防"枪打出头鸟"。

但生活当中，有些人却总认为自己高人一等，事事比人强，于是他们逢人便夸自己的各项才能。但切记，对失意人切莫谈得意之事，否则会让对方认为你是在嘲笑他，让他产生一种被比下去的感觉，从而对你心生反感。聪明的人会将自己的得意放在心里，而不是嘴上，更不会把它当作炫耀的资本。

对任何一个现代人来说，都应该继承和发扬谦虚的美德，并以此作为自己做人的准则。

10 乐观的人总是看到希望

快乐就是"我们的思想处于愉悦时刻的一种心理状态"。快乐的心理性格可以让你拥有一个无悔的人生，使你生命中的每一天都能够坦然微笑。

两个见解不同的人在争论三个问题。

第一个问题——希望是什么？

悲观者说：是地平线，就算看得到，也永远走不到。

乐观者说：是启明星，能告诉我们曙光就在前头。

第二个问题——风是什么？

悲观者说：是浪的帮凶，能把你埋藏在大海深处。

乐观者说：是帆的伙伴，能把你送到胜利的彼岸。

第三个问题——生命是不是花？

悲观者说：是又怎样，开败了也就没了！

乐观者说：不，它能留下甘甜的果。

突然，天上传来了上帝的声音，也问了三个问题：

第一章
品质——奠定成功的基石

第一个：一直向前走，会怎样？

悲观者说：会碰到坑坑洼洼。

乐观者说：会看到柳暗花明。

第二个：春雨好不好？

悲观者说：不好！野草会因此长得更疯！

乐观者说：好，百花会因此开得更艳！

第三个：如果给你一片荒山，你会怎样？

悲观者说：修一座坟茔！

乐观者反驳：不！种满山绿树！

于是上帝给了他们两样不同的礼物：给了乐观者成功，给了悲观者失败。

人生不如意十之八九，但乐观的人总会看到希望，悲观的人总是感到失望。不同的心态决定了不同的发展方向，不同的方向注定了不同的结果。乐观的人生活总是充实激昂的，悲观的人生活总是空虚失落的。不论在什么时候，都以乐观和健康向上的心态对待生活，才会过得美满幸福。

无论身处何境，都要保持一种快乐的精神，只有这样，烦恼才会离你越来越远。

用乐观的态度对待人生，可看到"青草池边处处花"，用悲观的态度对待人生，举目只是"风过芭蕉两滴残"。譬如打开窗户看夜空，乐观的人看到的是璀璨的星光，增强生活的自信，悲观的人看到的却是一片黑暗，致使情绪愈加低落，生活境况亦每况愈下。

古人曾经说过"境由心生"，你的心里有多快活，你也就会得到多少快活。如果你想的是自己不开心，那你时时刻刻都不开心。你可以告诉自己什么事情都不顺利，没有什么事情可以让自己满意，那么，你肯定就开心不起来。但是，如果你对自己说"事情进展良好，生活也不错，所以，我选择开心"，那么，你肯定就会快乐。

快乐不是争来的东西,也不是应得的报酬。快乐不是道德问题,就像血液循环不是道德问题一样。快乐与血液循环二者都是健康生存的必要因素。快乐就是"我们的思想处于愉悦时刻的一种心理状态"。

从根本上讲,快乐是真实的,是发自内心的,但守住乐观的心境实在不易,它需要努力,需要智慧,才能使自己保持一种人生处处充满生机的心境。乐观使人生的路越走越宽,选择乐观的态度对待人生是一种机智。

快乐不在未来而在现在。很多人不快乐,因为他们总是企图按照一个难以实现的计划而生活。他们现在不是在享受,而是在等待将来发生的事情。他们以为等到自己找到好工作之后,买下房子以后,孩子大学毕业以后,完成某个任务或取得某种胜利以后,就会快乐起来。这种人往往都以失望而告终。活在当下,智慧的人说。

生活本身就是一系列问题,如果你想要快乐,你就快乐吧,不要"有条件"地快乐,而要把快乐当成自己的一种心理性格。正如积极的心态能够加快一个人成功的步伐,快乐的心理性格可以让你拥有一个无悔的人生,使你生命中的每一天都能够坦然微笑。

第一章
品质——奠定成功的基石

11 节俭是
永不过时的美德

把钱花在最恰当的地方上，合理安排衣、食、住、行，以及教育和娱乐等方面的花费，这才是真正的节俭。

两次获得诺贝尔奖的居里夫人是简朴生活的典范。她和彼埃尔·居里结婚时，新房里只有两把椅子，正好一人一把。居里觉得两把椅子未免太少，建议多添几把，为的是来了客人好让人家坐一坐。居里夫人却说："有椅子是好的，可是，客人坐下来就不走啦。为了多一点时间搞科学，还是一把不添吧。"

几年之后，这对没有给自己的新房增添一把椅子的年轻夫妇，却给世界化学宝库增添了两件闪闪发光的稀世珍宝——钋和镭。

从1933年起，居里夫人的年薪已增至4万法郎，但她照样"吝啬"，一件毛料旅行衣，竟穿了一二十年之久。有人说居里夫人一直到死"总像一个匆忙的贫穷妇人"。

现实生活中，随着生活条件的提高，一些人忽视了勤劳节俭的传统美

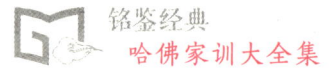

德，一味地追求奢侈，要过富翁甚至"帝王"瘾：吃的是黄金宴，住的是豪华别墅，洗的是桑拿浴，玩的是高尔夫球，唱的是卡拉OK，等等。其实，这种生活观念是不正确的。

在哈佛人看来，节俭是最基本、最突出的传统美德，是人类在长期的生活实践中总结出来的。

节俭不仅是一种美德，而且是我们积累财富的手段。从小养成节俭的习惯，会让我们一生都受益无穷！

"历览养贤国与家，成由勤俭败由奢。"经济在发展，社会在进步，但是提倡勤俭节约永不过时。无论家中生活条件是否优裕，我们都应养成勤劳节俭的美德。一个懒惰成性、奢侈成风的人不可能取得事业上的成功。时下，年轻的父母在教育下一代的时候，少了对孩子勤俭上的教导，使孩子缺少"粒粒皆辛苦"的体会。如果使孩子觉得所有东西都得来容易，那他们就很难珍惜，很难产生感恩之情，孩子的心理健康也很难完善起来。

英国著名文学家罗斯金说："通常人们认为，节俭这两个字的含义应该是'省钱的方法'；其实不对，节俭应该解释为'用钱的方法'。"也就是说，我们应该把钱花在最恰当的地方上，合理安排衣、食、住、行，以及教育、娱乐等方面的花费，这才是真正的节俭。

做到勤俭并不难，只要我们从自身做起，从身边小事做起，增强节约意识，养成勤俭节约的好习惯，一针一线当思来之不易，一茶一饭应念物力维艰。

第二章
梦想——让人生插上翅膀

　　无论你是谁，无论扮演什么角色，有着怎样的身份地位，都一定在心中存有各式各样的梦想。正因为有了梦想，我们的行动才有动力；有了梦想，我们的前进才有方向；有了梦想，我们才会变得坚强；有了梦想，我们的人生才会充满希望。

01 梦想铸就成功

人只有具有梦想，才可能有远大的希望，才会激发人们内在的智能，增强人们的努力，以求得光明的前途。

美国著名探险家约翰·戈达德15岁的时候拟了一个《一生的志愿》表格，列出：

到尼罗河、亚马孙河和刚果河探险；

登上珠穆朗玛峰、乞力马扎罗山和麦特荷恩山；

驾驭大象、骆驼、鸵鸟和野马；

探访马可·波罗和亚历山大一世走过的路；

主演一部像《人猿泰山》那样的电影；

驾驶飞行器起飞降落；

读完莎士比亚、柏拉图和亚里士多德的著作；

谱一部乐谱，写一本书；

第二章
梦想——让人生插上翅膀

游览全世界的每一个国家；

结婚生孩子；

参观月球……

共有127个目标。

16岁开始，他按计划逐个地实现了自己的目标，49岁时，他完成了127个目标中的106个。

一位哈佛哲人说过："梦想是一个人心中的太阳，它可以照亮生活中的每一步。"

拥有梦想的人，充满活力，会永无止境地追求，会坚持不懈地努力。因为梦想是一切成功的摇篮，是人生的奋斗目标，是人生的精神支柱，是永不干涸的泉眼，是生命中最为珍贵的东西。

我们心灵能够到达之处，直接与我们的梦想相关，没有做不到，只有想不到。所以，要有远大的梦想，帮助自我成长，也帮助周围的人成长；要有远大的梦想，启发及改善自己与其他人的生活。

一个具有崇高生活目标的人，比一个根本没有目标的人更有作为。苏格兰有句谚语说："扯住穿金制长袍的人，或许可以得到一只金袖子。"那些志存高远、行胜于言的人，所取得的成就必定远远高于目标起点低的人。

梦想越高，人生就越丰富，达成的成就越卓绝。梦想越低，人生的可塑性越差，也就是经常说的"期望值越高，达成期望的可能性越大"。

大人都知道梦想里隐藏着无限的积极的力量，但对于如何把梦想变为现实，很多人却常有种抓不住重点的感觉。要知道，梦想不同于妄想和幻想，只要脚踏实地，它便是切实可行的。哈佛教授说："我们关于梦想的勾勒应该是这样的：我目前拥有什么，我从哪里做起才能让自己的生活发生一些正面的变化。"梦想的实现需要一步一个脚印的积累。

没有行动的远见只能是一种空想，没有远见的行动只能是一种苦役，远见的行动才是世界的希望。发扬你的梦想，信仰并且努力去实现它，这种使我们向上面展望，向高处攀登的能力，是与生俱有的。

一个梦想的实现，往往可以激起一串新的梦想的努力。人类正是在化梦想为现实的能力中，寻见了世界的种种希望。

如果一个人没有目标，就只能在人生的旅途中徘徊，永远到不了任何地方。

人只有具有梦想，才可能有远大的希望，才会激发人们内在的智能，增强人们的努力，以求得光明的前途。

对社会最有贡献、最有价值的人，就是那些目光远大，且有先见之明的梦想者。他们能运用智力和知识为人类造福。他们把常人看来做不到的事情，一一变为现实。如果你想成功，首先请画好自己的梦想蓝图，因为没有空气，人就不能生存；没有梦想，人就没有任何成功。

第二章
梦想——让人生插上翅膀

02 志向不同，
人生的境界也就不同

没有理想，青春就会枯萎，没有志向，生命就会失去方向。

在某期的《读者》杂志上，曾经刊登了这样一个小故事：

有人问一个在山坡上放羊的少年："你为什么放羊？"他回答："为了卖羊赚钱。"那人又问："你赚钱来做什么？"他回答："为了娶婆娘。"那人问:"为什么娶婆娘?"他回答:"为了生孩子。"别人又问:"生孩子干吗?"他回答说:"放羊。"

这个故事告诉我们:一个人如果没有远大的理想,永远不会产生美好的结果。

只有胸怀鸿鹄之志,才能产生大动力、大意志,个人的聪明才智才能得到最大限度地发挥。人各有志,每个人的生活道路不同,性格、气质和兴趣不同,其志向也必然不同。但不论怎样,有一点是相同的,那就是唯有立志者,方能成大事。

曾经有人说过这样一句话:什么时候建立了理想,什么时候才开始真正的人生。因此,引导孩子树立一个正确、远大的理想是非常重要的。没有理想,青春就会枯萎,没有志向,生命就会失去方向。

哈佛人认为,宏伟的志向能激发出神奇的力量。拥有远大理想的人,一旦确定了人生目标,就会在这种神奇的力量驱使下变得积极进取,显示出创造的力量和意志。

自古成大事者必有大志,故有"有志者,事竟成""器大者声必闳,志高者意必远"等名言警句。一个人只有树立了远大的理想,才能干出一番大事业。一个人如果没有了远大志向,也就等于选择了平庸。平庸的人的一生注定了碌碌无为,也就不会有大喜大悲。没有大喜大悲的人,来的时候无声无息,走的时候也会了无痕迹。就像孔子所说:"饱食终日,无所用心。"

志向的远大和意志的坚定成就伟大的人生。晚清重臣胡林翼说:"人生决不当随俗浮沉,生无益于当时,死无闻于后世。"一个人活着就应当有益于当时,死也要留名后世。只有抱负远大之人才能成就一番大业。

生命对于我们每一个人都是公平的,但是,生命却给人不同的抱负与理想。在同样的岁月中,有的人在生命的大地上留下了自己的足迹,让生命之树结出丰硕的果实。有一些人却没有在生命的大地上划出深深的印痕,一生

第二章
梦想——让人生插上翅膀

平平庸庸,一个重要的原因就是:志向不同,人生的境界也就不同。

树立远大的志向,是每一个人前进的动力。一个人是否能成功,立志是关键。孔子不降其志,不辱其身,故成了高山仰止的圣贤和楷模。孟子以天下大任为己志,因此成为一代亚圣。人各有志,或立志高远,或者满足于现状。志向不同,人们书写的人生也就各不相同。

人生如同航海,茫然的漂流只会像浮萍一样永远找不到归宿。只有立高远之志,明确目标,才能找到方向,将人生的航船驶向成功的港湾。志向就是目标,就是照亮人生方向的航灯。任何时候都必须向自己的志向去努力、奋斗,这样才不会迷失方向,才能实现自己的人生目标、体现自己的人生价值。

03 用坚持伴随梦想飞翔

人生就像是一场长跑比赛，谁能坚持到最后，谁就是最后的赢家。

1832年，亚伯拉罕·林肯失业了，伤心之余，他下决心要当政治家、当州议员。糟糕的是，他竞选失败了。在一年里遭受两次打击，这对他来说无疑是痛苦的。

接着，林肯着手开办自己的企业，可一年不到，这家企业又倒闭了。以致在以后的17年间，他不得不为偿还企业倒闭时所欠的债务而到处奔波，历尽磨难。

随后，林肯再一次参加竞选州议员，这次他成功了。他内心萌发了一线希望，认为自己的生活有了转机："可能我可以成功了！"

1835年，在离结婚还差几个月的时候，他的未婚妻不幸去世，这对林肯精神上的打击实在太大了，心力交瘁，数月卧床不起。1836年，他患上神经衰弱症。

1838年，林肯觉得身体状况良好，于是决定竞选州议会议长，落选；1843

第二章
梦想——让人生插上翅膀

年,他又参加竞选美国国会议员,仍然落选。

林肯虽然一次次地尝试,但却一次次地遭受失败:企业倒闭、未婚妻去世、竞选败北……但他始终没有放弃。1846年,他又一次参加竞选国会议员,并成功当选。

两年任期很快过去了,他决定要争取连任。他自认为作为国会议员表现是出色的,相信选民会继续选举他。但结果很遗憾,他落选了。

因为这次落选,他赔了一大笔钱,林肯申请当本州的土地官员。但州政府把他的申请退了回来,上面指出:"做本州的土地官员要求有卓越的才能和超常的智力,你的申请未能满足这些要求。"

林肯仍然没有服输。1854年,他竞选参议员,失败了;两年后他竞选美国副总统提名,结果被对手击败;又过了两年,他再一次竞选参议员,还是以失败告终。

林肯尝试了11次,可只成功了两次,但他始终没有放弃自己的追求,一直在做自己生活的主宰。1860年,他当选为美国总统。

亚伯拉罕·林肯面对困难时没有退却,没有逃跑,坚持着,奋斗着。他压根儿就没想过要放弃努力,他不愿放弃,所以他成功了。

永不放弃是一种信念,也是一种勇气。拥有了这种勇气,我们才会对生活充满希望。

人的一生不可能都一帆风顺,或多或少总会有一些坎坷和波折。世上之所以有强者和弱者之分,是因为前者在接受命运挑战时说:"我永远不会放弃!"这种人虽然不多,但他们却往往赢得众人的掌声;而后者却说:"算了,我放弃!"这种人通常会落于人后。

哈佛人认为,放弃就意味着懦弱、退缩,是对人生的逃避,是对命运的屈服。只有坚持到底的人,才能经受机遇的层层筛选,并最终获得它的垂青。

尤其是年轻人做事没有耐性,不懂得坚持,这正是一生平庸的根源。

成功不是偶然，失败不是命运。永不放弃是锲而不舍的精神，永不放弃是积极进取的行动。阳光总在风雨后，那些看清方向并一如既往坚持的人，总能看到困难中的机遇，同时克服机遇中的困难，脚踏实地，持之以恒，最终获得更多。

第二章
梦想——让人生插上翅膀

04 幸亏你一直坚持
   自己的梦想

人贵有坚持到底的毅力和勇气。坚持一下，再坚持一下，我们就能走出困境，取得成功。

老亨利是一家大公司的董事长，他公司每年的利润有上百万元。但他年过七旬仍不愿意在家里享清福，坚持每天到公司来巡视。

老亨利对员工很和善，从不发脾气，看见有人工作没做好，他就会拔出含在嘴里的大雪茄，说："伙计，没关系，别灰心，再坚持一下，准能成功。"说完还拍拍对方的肩膀。他的这种做法很得人心，全公司上下都十分卖劲儿地工作，谁也不偷懒。

一天，新产品开发部经理马克向老亨利汇报："董事长，这次试验又失败了，我看就别搞了，都第23次了。"马克皱着眉头，瘦削的脸上神情十分沮丧。办公室里温暖如春，各种装饰品闪闪发光，米黄色的地板一尘不染。看到这些，马克就想起自己经常停暖气的公寓，什么时候自己也能拥有这样的房子？再瞧瞧歪靠在皮椅上的董事长，脑门被阳光照得泛着亮光。这老头有啥本事成为这么大家业的主人?马克心里暗想。

"年轻人,别着急,坐下。"老亨利指了指椅子,"有时候事情就是这样,你屡屡失败,眼看没有希望了,但坚持一下,没准就能成功。"老亨利将一支雪茄塞进他的嘴里。

"董事长,我真没办法了,您是不是考虑换个人。"马克的声音有些沙哑。

"马克,你听我说,我让你做,就相信你能成功。我给你讲个故事。"老亨利吸了一口雪茄,缕缕青烟在他脸旁袅袅上升,他眯着眼睛开始讲起来。

"我也是个苦孩子,从小没受过什么教育,但我不甘心,一直在努力,终于在我31岁那年,发明了一种新型节能灯,这在当时可是个不小的轰动。但我是个穷光蛋,要批量生产、投放市场还需要一大笔资金。我好不容易说服了一个私人银行家答应给我投资。可我这个新型节能灯一投放市场,其他灯就会没销路了,所以有人暗中千方百计阻挠我成功。谁也没想到,就在我要与银行家签约的时候,我突然得了胆囊症,住进了医院,大夫说必须做手术,不然有危险。那些灯厂的老板知道我得病的消息就在报纸上大造舆论,说我得的是绝症,骗取银行的钱来治病。这样一来,那位银行家也半信半疑,不准备投资了。更严重的是,有一家机构也正在加紧研制这种节能灯,如果他们抢在我前

第二章
梦想——让人生插上翅膀

头,我就完蛋了!当时我躺在病床上万分焦急,没有办法,只能铤而走险,先不做手术,仍如期与那位银行家见面。

"见面前,我让大夫给我打了镇痛药。在和银行家见面时,忍住疼痛,装作没事似的,和他拍肩握手,谈笑风生。但时间一长,药劲过去了,我的肚子跟刀割一样疼,后背的衬衣都让汗水湿透了。可我咬紧牙关,继续和他周旋。我心里只剩下一个念头:再坚持一下,成功与失败就在能不能挺住这一会儿。病痛终于在我强大的意志力下低头了。自始至终,在银行家面前,我一点破绽也没露,完全取得了他的信任,最后我们终于签了约。我送他到电梯门口时,脸上还带着微笑,并挥手向他告别。但电梯门刚一关上,我就扑通一下倒在地上,失去了知觉。隔壁的医生早就准备好了,他们冲过来,用担架将我抬走。后来据医生说,当时我的胆囊已经积脓,相当危险!知道内情的人无不佩服我这种精神。我呢,就靠着这种精神一步步走到现在。"

老亨利一口气将故事讲完,他的头靠在皮椅上,手指夹着仍在冒烟的半截雪茄,闭起了双眼,仿佛沉浸在对往事的回忆中。马克被老亨利的故事感动了。他望着董事长那油光发亮的前额,眼眶里闪动着晶莹的泪花,感到万分羞愧。和董事长相比,自己这点困难实在不算什么,他从董事长身上看到一种精神,而这种精神就是创造财富的真谛!董事长无愧于这个庞大公司的主人,无愧于这间高大宽敞、装修高档的房屋的拥有者。

"董事长,您刚才讲得太动人了,从您身上我真的体会到了再坚持一下的精神。我回去重新设计,不成功,誓不罢休!"马克挺着胸,攥着拳,脸涨得通红,说话的声音都有些颤抖了。

事实是最好的证明,在试验进行到第25次的时候,马克终于取得了成功。

人的毅力原本是弹簧,你越压得紧,得到的弹力越大。

蚯蚓无爪牙之力,筋骨之强,上食埃土,下饮黄泉,用心一也。小小蚯蚓能靠坚持做到这些,那么作为大千世界中的我们,又该如何选择呢?更应该

选择坚持而不是半途而废。

这个世界,这个时代,喧嚣和浮躁仿佛大行其道,于是,坚持就变成一件很难的事。很多人有好的开始,无论是生活、工作或情感,然而当他们遭遇意外、挫折或失败时,就会变得心灰意冷,会变得冷漠麻木,会放弃希望和追求,最终只会随波逐流。于是很多人的生命不再绽放光彩,很多人的生活普通平庸,很多人自我沦落和放逐,很多人甘于无聊和寂寞。

其实,很多时候,只要他们能再坚持一下,结局就会大不相同甚至截然相反。

有些时候,也许只是少了那么一点点的坚持,成功就会擦肩而过。常言道:坚持就是胜利。人贵有坚持到底的毅力和勇气。坚持一下,再坚持一下,我们就能走出困境,取得成功。

最艰难的时刻,是最令人难以忍受的,但也是最接近成功的时候。只要你不断总结失败的教训并坚持到底,成功很快就会到来。正如伟大的科学家诺贝尔所说:"坚韧不拔的勇气,是实现目标的过程中所不可缺少的条件。"

成功并不是一蹴而就的事,它需要你用无比坚强的意志,坚持到底,才能获得。就像诺贝尔一样,如果他不是一直坚持,不畏艰辛地走下去,也未必能取得人生巨大的成就。

不要在暮年独立夕阳的时候,为昔日因放弃而失去的美好懊悔。当上帝将苦难的考验降临到我们头上时,就让我们接受挑战,并义无反顾地坚持下去。

第二章
梦想——让人生插上翅膀

05 信念与毅力是
梦想的翅膀

心有疑惑，失败的可能性将大大增加；坚定信念，即使不能成就伟大的事业，也必定会有所收获。

多年前，一位穷苦的牧羊人领着两个年幼的儿子，以替别人放羊来维持生计。一天，他们赶着羊来到一个山坡。这时，一群大雁鸣叫着从他们头顶飞过，并很快消失在远处。

牧羊人的小儿子问他的父亲："大雁要飞往哪里？"

"它们要去一个温暖的地方，在那里安家，度过寒冷的冬天。"牧羊人说。他的大儿子眨着眼睛羡慕地说："要是我们也能像大雁一样飞起来就好了，那样我就一定要飞得比大雁还要高，去天堂，看妈妈是不是在那里。"

小儿子也对父亲说："做个会飞的大雁多好啊！那样就不用放羊了，可以飞到自己想去的地方。"

牧羊人沉默了一下，然后对儿子们说："只要你们想，你们也能飞起来。"两个儿子试了试，并没有飞起来。他们用怀疑的眼神瞅着父亲。

牧羊人说，让我飞给你们看。于是他飞了两下，也没飞起来。牧羊人肯定地说，我是因为年纪大了才飞不起来，你们还小，只要不断努力，就一定能飞起来，去想去的地方。

儿子们牢牢记住了父亲的话，并一直不断地努力。随着年龄的增长，他们知道了父亲的话只是象征，并不是让他们像大雁一样飞起来。然而，他们长大以后却真的飞起来了，因为他们发明了飞机。他们就是美国的莱特兄弟。

哈佛人告诉我们，在执著的追求下，理想一定会变成现实。坚定的信念与坚强的毅力是理想的两个翅膀，有许多理想看来只不过是梦想，让人觉得遥不可及，甚至是做白日梦，但在信念与毅力的合力下它会变成现实，并创造出生命的奇迹。

能够保证战胜困难或保证一件无法预知的事情获得成功的首要因素就是

必胜的信念。信念的这种作用同样适用于一个人改进自身态度的过程。因为它是提高人生境界的支柱。我们生活在一个物质生活与精神生活相统一的世界，而信念作为人的精神生活的核心内容，可发挥重要的指导作用，能避免内心世界的空虚和迷茫。它会激励人们迎接各种挑战和磨炼，并在此之中，引导人们不断地追求更高的人生目标，提升精神层次，塑造高尚人格。

成功者就是那些拥有坚定信念的普通人，成功高度取决于他的信念强度。任何改变都依赖于自己的内心状态，一定要相信自己能够改变，从思想到行为都一致地去坚持执行，并让家人、朋友、同事都支持你鼓励你改变。

当你需要改变的时候，就不要逃避和恐惧，因为那样只会使你停滞不前、丧失勇气，使情况变得更糟。任何一个有所成就的人都不是因为恐惧而获得进步的。他们明白，信念的力量一定会战胜恐惧。如成功学大师拿破仑·希尔所说：心存疑惑，失败的可能性将大大增加；坚定信念，即使不能成就伟大的事业，也必定会有所收获。

坚定的信念能改变一个人的命运，其原因在于它能从根本上改变一个人的态度。其实，拥有坚定信念本身就是一种面对未来的积极态度，或者说是积极态度的体现。人生需要信念。人生之路固然难以一帆风顺，固然充满坎坷、布满荆棘，但只要有坚定的信念，就总会看到希望，看到曙光。即使前面有再多的艰难困苦，即使前方的风浪再大，也要执著追求，无怨无悔。人生的价值并不完全在于成功后的荣光，也在于追求本身，在于信念的树立与坚持的过程。

06 坚持不懈地朝着目标努力

大多数人之所以失败，不是因为没有明确而清晰的目标，而是他们没有坚持不懈地克服一切困难，向着同一目标前进的毅力。

每个人都想获得成功，有的人也曾为了成功而努力过、奋斗过，但是当他们遇到挫折之后，就退缩了、放弃了，这种人无疑是懦夫。要知道，实现梦想需要朝着心中既定的目标锲而不舍地努力追求，需要我们一直坚持到底。

有一个人，想在自己的田地里挖一口井，用来浇灌农作物，于是请来了会看水线的地理先生。先生为他指定了一个位置，于是他在那个位置不停地挖下去，可挖了很长时间水都没有冒上来。他又去找那个地理先生询问，地理先生说这里地下水的水位低，让他继续挖，他却不听地理先生的话，又选了一个地方挖，他总觉得出水的地方在别处，结果整块地几乎都挖遍了，也没挖出一口出水的井。

如果你确定了一个目标，就要坚持不懈地朝着目标迈进，只有这样你才有成功的希望。如果见异思迁，在实现目标的过程中，轻易地改变目标，那你永远都不会到达成功的彼岸。

哈佛教授告诉我们，在事业的开始，确立目标是非常重要的。只有明确了目标，你的努力才会有方向。树立了目标之后，更重要的是坚持不懈、持之以恒地实现目标。大多数人之所以失败，不是因为没有明确而清晰的目标，而是他们没有坚持不懈地克服一切困难，向着同一目标前进的毅力。

任何目标的实现，都需要一点一滴地付出，持之以恒地坚持，这种付出和坚持的过程可能很累，如果你坚持下来，就是成功，如果你无法坚持，就会像那个挖井人一样，快挖到水位时，又弃之而去，那么成功的可能性就很小。许多人正是因为在前面的困难中已经筋疲力尽，在最后的关头，即使遇到一个微小的困难或障碍都可能放弃而导致前功尽弃。

有一位著名的大提琴手，4岁的时候就被称为音乐神童。有人说他是音乐天才，他坚决地否认，还有人问他，在他的成功之中，天分占了多少比例。他想了想回答说，20%不到吧，接着他讲了自己小时候练琴的故事。

他小时候非常淘气，总想出去玩。但是母亲为了逼他学琴，把他关在家里，即使号啕大哭也不能改变母亲的决心。正是在母亲的坚持下，他的琴课没有一天落下过。

所以他对访问他的人说:"在我那20%的天分当中,我那从小逼我学琴的妈妈的作用大概占15%以上。我之所以取得现在的成就,与我最初被动地坚持,到后来主动坚持,是完全分不开的。"

著名的心理学教授迈克·侯威专门研究过神童与天才,他得出的结论给人的启发很大:"一般人认为天才具有自然发生、流畅而不受阻的闪亮才华,其实,天才也必须耗费至少10年光阴来学习。要成为专家,需要拥有顽强的个性和坚持的魅力。"

他还统计过,以学钢琴为例,如果想变成一个还不错的业余钢琴家,至少需要专注地投入3000个小时的训练;如果想成为专业水准的钢琴家,1万个小时是不能缺少的。

不管你想在哪方面有所成就,只要你肯拿出1万个小时来,在那方面不懈努力,你就能够成功。

还有些人,刚开始也能一步一步地向着目标迈进,但不久他们的注意力就发生了转移,因为他们抵抗不了外界条件的诱惑,把实现目标的时间不自觉地用到了别的事情上,最后的结果只能是失败。

其实,成功往往就是在你承受不了的失败和痛苦后,再多一点点努力就可以得来的!没有绝望的环境,只有对环境绝望的人。在奋斗打拼的路上,无论何时,你都应该信心百倍地全力争取,并这样激励自己:离成功只差一步了,只要再多一点点的坚持。

第三章
潜能——后天教育比天赋更重要

人的潜能是无限的，只有当你深刻地认识了自己并发挥你无穷的潜能时，你的价值和才能才是真实的，才可能实现。那么，你的潜能在哪里呢？就是你的大脑，只有良好的思维能帮助你更好地发挥你的潜能，从而取得许多你想象不到的奇迹。

01 认识你自己

一旦找到属于你自己的优势，你就会一下子变得更有效率、更有能力。当你感到自己跟以前有所不同时，你将真的获得不同的结果。

维克15岁的时候，老师告诉他，他永远不会毕业，最好是退学去做生意。维克记住了老师的劝告，在以后的17年中，一直做一些临时工作。17年来，他一直处于自卑中，因为他也把自己看作一个真的劣等生。

但是他32岁的时候，却发生了惊人的转变。一项偶然的测验显示，他是智商高达161的天才。从此，他就开始像一个天才那样有所作为了。他一连写了好几本书，获得了几项专利，并且成为一个很成功的商人。对于这位曾被退学的学生，最重要的是，他后来被推选为国际智能组织的主席。参加这个智能组织唯一的条件就是智商要在140以上。

维克的故事会使我们联想到，要想走向成功，我们首先需要观察自己，了解自己。

人类从来没有停止过对自我的追寻。正因为如此，人常常迷失在自我当

第三章
潜能——后天教育比天赋更重要

中,很容易受到周围信息的暗示,并把他人的言行作为自己行动的参照,从众心理便是典型的例子。

事实上,我们大多数人还不能真正了解自己,发掘自己的特长。而一旦找到属于你自己的优势,你就会一下子变得更有效率、更有能力。当你感到自己跟以前有所不同时,你将真的获得不同的结果。

有人问古希腊犬儒学派创始人安提司泰尼:"你从哲学中获得了什么呢?"

他回答说:"发现自己的能力。"

正是这种能力的获得,使人的思想和情感进一步提升,更接近于高尚和纯粹。

人们缺乏发现自己的能力,也就是缺乏对自己的审察、怀疑、反省、忏悔的能力,便会被自己蒙蔽,糊里糊涂地虚耗和损害自己的生命,甚至给别人、社会带来伤害。

找出自己的天赋才能之所以如此重要,原因就在于:如果不了解自己的才能,你的整个事业生涯就很容易遇到阻碍或者遭受打击。

人生下来时,由于在不同的社会背景、家庭环境下成长,肯定会表现出能力上的差异。好在社会对人才也有多层次的需求,神造万物无赘品,天生我材必有用,每个人都应该在社会中找到自己的位置。

个人的发展应该建立在认识自我的基础上,倘若一味地与别人攀比,不能充分发挥自己的特长,就会导致失败与挫折,从而加重心理创伤。

清醒地认识自己的局限,也至关重要。在历史长河中,每个人都不过是沧海一粟。能够认识到自己不足的人,具有平和、恬淡、和谐、平静的内心世界。因为他懂得自己的目的、方向和能力所及,所以能够理性地实现自身的人生价值。

一位哈佛哲人说:"一个人一生只能做一件事。"这里的一件事实际上就是指某一项宏大的事业。一个人本事再大,精力再多,寿命再长,无论如何也不可能把三百六十行都尝试到,所以只有选择最适合自己去做的事,也是自己最感兴趣的事,自身素质能够满足要求的事,客观条件许可的事,再加上恒心和毅力,我们就有希望把它做到最好。

第三章
潜能——后天教育比天赋更重要

02 找准自己的
    人生位置

当年,她忽视了他,幸好上帝从来没有轻视他,尽管上帝能够给他的只是两个普通的苹果。

犹太法典说:"如果你不做自己,那么要叫谁来做你呢?"我们不可能成为别人,更不可能成为别人的复制品。因为别人正是在发挥他们自己的优点,才做出了那样的成绩,而我们不可能也具备像他们一样的优点。正如鱼无法模仿鸟飞翔一样,鱼只能利用自己的长处在游泳方面发展。

哈佛教授告诉我们,一个人的核心竞争力不仅在于他会什么,还在于他会多少别人不会的。每个人都有自己的生活环境,努力去适应环境并找准自己的位置,才是明智的。

贝尔蒙多出生于巴黎一个贫困家庭。他天生迟钝,学无所成。为此,他的母亲一筹莫展,望子成龙的热情也日益消减。

贝尔蒙多十几岁的时候就被迫辍学,面对母亲疲惫的面容,他除了懊恼沮丧,所能做的就是把家收拾得一尘不染,做些点心以博得母亲舒心的笑。

在家无所事事,他就摆弄几个苹果,做成可口的甜点。这不但没有博得母亲的称赞,反而使母亲对他的前途更加忧心如焚,继而对他完全失去了信心。

一个偶然的机会,贝尔蒙多去了巴黎一家非常豪华的大酒店做小伙计。他相貌普通,又无特长,谁都可以对他指手画脚。后来他去餐饮部当了一名打下手的小厨师,帮助一位甜点大厨师洗水果、配调料。当时他会做的唯一一道甜点,就是把两只苹果的果肉放进一只苹果中。那只苹果显得很丰满,而外表上一点儿也看不出是两个苹果拼起来的,果核也都被巧妙地去掉了,这样吃起来就特别香甜。

一次,这道特别的甜点被一位长期包住酒店的贵妇人发现了。她品尝后十分欣赏,并特意约见了贝尔蒙多。这个一直不被重视的憨小伙激动地表示他

第三章
潜能——后天教育比天赋更重要

将再接再励以不辜负她的赏识。

贵妇人虽然长期包了一套最昂贵的套房，可是一年中也只有不到一个月的时间在此度过，但是她每次来这里，都会指名点那道贝尔蒙多做的甜点。

那几年，巴黎经济萧条，酒店里每年都裁去一定比例的员工，然而毫不起眼的贝尔蒙多却安然无事——那位贵妇人是酒店最重要的客人，而他，可爱的贝尔蒙多当然是酒店里不可或缺的人。

酒店举行豪华庆典的那天，每个大厨师都做了一道自己的拿手菜。轮到贝尔蒙多时，他仍然精心地做了那唯一一道甜点，对着家属席中的母亲，他热泪盈眶地说："我是一个很普通的人，我曾想给母亲带来一点点欣慰，可我没有做到。我希望今天，当我在这个平凡的岗位上为自己争得一席之地时，母亲能尝尝我10年前就做过的这道甜点。"

在众人的注目中，年迈的母亲眼里含着幸福的泪花，一口一口地品尝着这道该酒店远近闻名的招牌佳肴。她终于知道，贝尔蒙多不是一个普通而碌碌无为的人，因为上帝给了他两个苹果，他却巧妙地调制成一个独一无二口味又独特的苹果。当年，她忽视了他，幸好上帝从来没有轻视他，尽管上帝能够给他的只是两个普通的苹果。

人生在世，每个人都有自己独特的禀性和天赋，找准自己的位置，拥有自己的舒适和幸福，不奢求不属于自己的东西，坚持走自己的路，这不是金钱和地位所能给予的惬意和满足。

走自己的路，让别人去说吧！唯有自己才知道自己真正想干什么，适合干什么，能干成什么，更何况选择自己的道路，是你最基本的权利。不要去走那些拥挤的道路，而是找到一条捷径，只有这样你才能更快地走向成功。

03 刻苦学习，开发潜能

世界上没有一件有价值的东西，可以不通过辛勤劳动而获得。不吝惜自己汗水的人，最终换来的也必将是令人羡慕的成就。

玉不琢，不成器；人不学，不成才。一个人，从一生下来就开始学习说话，学习走路，学习做事，学习一切，如果不学习，就不能成为一个真正的人，有本领的人。德国大作家歌德说得好："人不是靠他生来就拥有的一切，而是靠他从学习中所得到的一切来造就自己。"

人非生而知之，生而能之，皆是学而知之，学而能之。在竞争面前，只有提升自己，才是最有利的武器。正所谓，先付出，才杰出。才以学为本，学而为智者，不学而为愚者。想成就非凡的事业就要多学习、多吃苦、多研究。追求卓越，就不能让自己松懈，就要像上紧发条的时钟一样。日日行，不怕千万里；常常做，不怕千万事。

学习最重要的一点就是要端正自己的态度。知识的殿堂永远对那些竭尽全力、刻苦努力的人开放。

第三章
潜能——后天教育比天赋更重要

唯一蝉联三次世界冠军的天才教练蓝柏第曾经说过一句话:"任何一个顶天立地、有作为的人,不管怎样,最后他的内心一定会感谢刻苦的工作与训练,他一定会衷心向往训练的机会。"

宝剑锋从磨砺出,梅花香自苦寒来。自古以来学有建树的人,都离不开一个"苦"字。

歌德说:"人们在那里高谈阔论着天气和灵感之类的东西,我却像打金锁链那样苦心劳动着,把一个个小环节非常合适地连接起来。"所以,要想取得成就,就要刻苦努力。

哈佛教授教导他的学生们,刻苦学习知识不仅帮助你获取工作、积累财富,而且会让你生活得更加充实,变得更加崇高,并能帮助你开发自己的潜能,更好地利用潜能,从而成为一位成功人士。

张德培是历史上最年轻的网球男单冠军。当年,这个不满20岁的黄皮肤小伙子在巴黎成为法国网球公开赛男单冠军的时候,整个球场为之沸腾了,他也是第一个在这里获得冠军的华裔选手。在其后16年的网球生涯里,他一共赢得34个冠军和近2000万美元奖金,并在1996年年终的ATP男单点排名榜上名列第2位。

其实,张德培的身体条件并不适合网球运动。他身高只有1.75米,即便放到女选手中也只算是中等,再加上亚洲人先天性的力量不足,使他在高手如林的男子网坛显得十分单薄。

身体的缺陷迫使他必须要用速度和坚韧来弥补,而唯一的方法也只能依靠超过常人的刻苦训练。

日复一日,年复一年,人们总能看到这名黄皮肤的小伙子刻苦地训练。当桑普拉斯躺在希腊海滩上晒太阳时,当阿加西赴拉斯维加斯观看拳击比赛时,张德培一直都在球场上训练。

训练的过程是极其艰辛的,但他坚持了下来。在此后的10余年里,张德培

凭借灵活的步法和不懈的跑动，运用娴熟的底线技术与对手周旋，一有机会就击出大角度的回球置对手于死地，在男子网坛杀出了一片属于自己的天地。

每个人都希望自己成功，而成功的不二法门就是不断努力。人的才能不是天生的，是靠坚持不懈的努力，靠刻苦的奋斗取得的。所谓的天才也不是天生的，而是通过后天的努力换来的。

人的潜能是无穷的，能否最大限度地挖掘这些潜能，关键在于是否善于强迫自己、经营自己。希望成功，必须刻苦学习。只有不懈努力，才会收获丰厚的果实。成功人士有一个共同点，那就是他们比别人更努力。

世界上没有一件有价值的东西，可以不通过辛勤劳动而获得。不吝惜自己汗水的人，最终换来的也必将是令人羡慕的成就。一个成功者的成功之处就在于他总是比别人多付出一些，比别人多向前迈进一步。

第三章
潜能——后天教育比天赋更重要

04 天才源于
　　后天的培养

每个孩子都在某个方面有着天才般的本领,任何的天分都需要在后天的环境中进行锻炼和再次加工才能绽放光芒。

曾有一个非常奇特的班级,这个班级有20多个学生,而每个学生都有一段极为不光彩的历史,父母都管不住他们,学校和老师也拿他们没办法,这些学生几乎都被大家放弃了,他们被安排在一个灰暗的教室里,老师换了一个又一个,没有一个老师能教育好这个班级的学生。

这年春天,这个班级又来了一位年轻的辅导老师,这位老师善良而美丽,并有一个动听的名字叫辛拉。新学期开始的第一节课,辛拉没有像其他老师一样,训斥和打骂孩子。辛拉微笑着面对孩子们,让孩子们首先来做一道选择题:

"题目中的三个人,其中有一位会成为大家敬佩的人,孩子们,大家猜想一下,是A,还是B,或C,会成为大家敬仰的人?"辛拉向孩子们说出题目的要求。

在辛拉公布题目的同时，A、B、C三人的命运也盘旋在孩子们的脑海中。题目是这样的：

A.笃信巫医，有多年的吸烟史，而且嗜酒如命。

B.曾经两次被赶出办公室，每天要到中午才起床，每晚都要喝大约1公升的白兰地，而且曾经有过吸食鸦片的记录。

C.曾是国家的战斗英雄，一直保持素食习惯，热爱艺术，偶尔喝点酒，年轻时从未做过违法的事。

孩子们几乎不约而同地选择了C，他们认为，前两个人肯定不会受到大家的尊敬，因为他们有着极不光彩的历史。他们要么成为罪犯，要么堕落成大家都唾弃的道德败坏者，总之肯定不会受到大家的敬仰。品德高尚的C肯定会拥有最美好的命运，受到人们的尊重。

辛拉微笑地看着孩子们，说出了孩子们大吃一惊的答案：

"孩子们，你们的答案的确符合常规的判断，但是你们都错了。这三个人都是你们很熟悉的人，A是富兰克林·罗斯福，他身残志坚，连任四届美国总统；B是温斯顿·丘吉尔，英国历史上最著名的首相；C的名字大家也很熟悉，他叫阿道夫·希特勒，一个夺去了几千万无辜生命的法西斯元首。他们是

第三章
潜能——后天教育比天赋更重要

第二次世界大战时期最著名的三个人。"

孩子们安静地看着辛拉，简直不敢相信自己的耳朵，在他们看来，A与B有那么不光彩历史的人，却成为受人尊敬的人。

辛拉继续说道："孩子们，你们的人生才刚刚开始，过去的一切都已经过去了，真正能让一个人成功的机会就是把握现在和未来。看看伟人，他们也犯过错，也有阴影，每个人都会有缺点，都不会十全十美，从现在开始，从阴影里走出来吧，你们都很棒！努力做自己想做的事情，你们也会拥有和伟人一样的人生。"

就这样，这个被大家放弃的班级，以无比巨大的力量成长着，这些孩子在心灵的感召下，勇往直前，都取得了很大的成就，有的做了高技术水平的飞机驾驶员，有的做了伸张正义的法官，还有的做了帮人解惑的心理医生。当年班级里那个最爱捣蛋的罗伯特·哈里森，成为华尔街上最年轻的基金经理人。他们说，"我们以为我们都无可救药了，是辛拉老师让我们醒悟，让我们忘记过去，把握现在，努力寻找未来。"

一位心理学家说："你对孩子怎样描述，他们就以你描述的样子长大成人。你说他是个垃圾，那么在成长过程中他慢慢就会变成垃圾；你说他是个天才，那么他就会朝着天才的方向努力成长。"

美国哈佛大学的心理学教授盖德纳博士认为，我们做的任何事情，是由"父母的遗传"以及"可获得的环境机会"这两方面因素共同决定的。孩子的命运掌握在父母手里，父母的一个选择也许会影响到孩子的一生，禀赋再好的孩子若是错过良好的教育和培养，那么即使有天才的潜质，也会被浪费掉。所以父母必须抓住黄金时机，对孩子进行后天的培养，为孩子铺就天才的成长之路。

05 人的潜力是无穷的

就在火快要烧到跳蚤的一瞬间，跳蚤猛地一跳，跳到了超过它身体几万倍的高度。人的潜力就像跳蚤的弹跳力一样，发挥出来时也是惊人的。

据科学家研究，即使是最伟大的发明家也只是运用了头脑能力的10%，普通人使用的则更少。毫不夸张地说，人的潜能几乎是无穷无尽的。

跳蚤可能是最善跳的昆虫，它可以跳到比自己高几万倍的高度。为什么会这样呢？带着这个问题，一位大学教授开始了他的研究。

可是他研究了一整天，都没有找到答案。为了防止它逃跑，教授用一个高1米的玻璃罩罩着这只跳蚤。第一天，跳蚤为了能跳出玻璃罩，就跳啊跳啊，可是无论它怎样努力，无论它怎么跳，都在跳到1米高的时候，就被玻璃罩挡了下来。

第二天，教授取下玻璃罩，他惊奇地发现，这只跳蚤只能跳1米高了。

于是，他来了兴趣。他用了一个高50厘米的玻璃罩罩着跳蚤，第三天，教授发现跳蚤只能跳50厘米的高度了，晚上，教授又用高20厘米的玻璃罩罩着

第三章
潜能——后天教育比天赋更重要

跳蚤，第四天，跳蚤跳的高度又降为20厘米了。到了第四天下班时，教授干脆用一块玻璃板压着跳蚤，只让跳蚤能在玻璃板下面爬行。不出所料，到了第五天，跳蚤再也不能跳了，只能在桌面上爬行。可就在这个时候，教授不小心打翻了桌子上的酒精灯，酒精洒在了桌子上，火也慢慢地向跳蚤爬的地方蔓延。奇迹出现了，就在火快要烧到跳蚤的一瞬间，跳蚤猛地一跳，又跳到了最开始的超过它身体几万倍的高度。

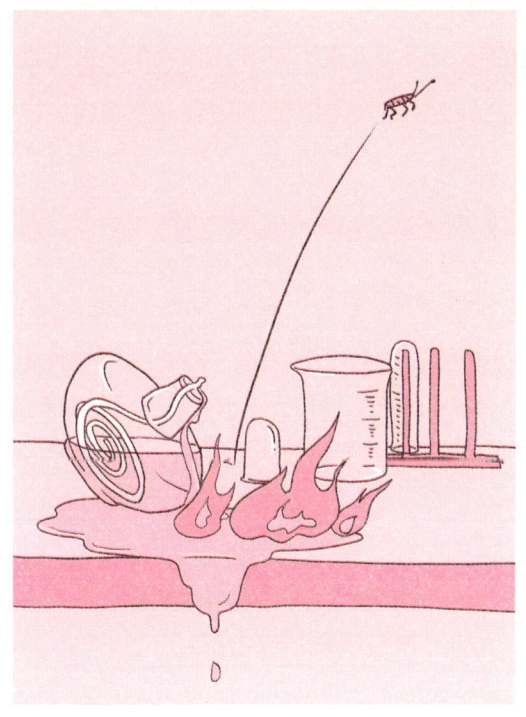

人的潜力就像跳蚤的弹跳力一样，发挥出来时也是惊人的。

一位哈佛教授曾说过这样一句话：人的潜力是无穷的，一个人只要善于挖掘，就能够将自身的能力发挥到极致。但是大多数人的大脑潜能都被白白地浪费了，因为很多人都在自我怀疑和自卑心理中束缚了自己潜能的发挥，他们不相信自己可以像别人一样做出成功的事情，而实际上，他们的聪明才智和成就大业的人相差无几，这是多么遗憾的事。人要想激发自己的潜力，就要多给自己加压，在压力下，人的潜力可以得到超常的发挥。比如，一个本不会游泳的人不慎落入水中，当他看见一只鳄鱼向他游来时，竟然奇迹般地学会了划水；一位手无缚鸡之力的老妪，为救被压在车底部的儿子，只身挪动了斜倒的车身……人类发生某种潜力的可能性甚至比潜力本身更让人惊诧。

潜力人人都有，只是许多人没有意识到，或者没有机会发掘它。只要你善于挖掘，或许你就能够将你的某种能力发挥到极致。只要你能描绘未来，只要你坚信你所描绘的未来是真实的，那么，你就为之去拼搏，去奋斗，用尽自己所有的智慧和全部的精力去实践，直到把它变成现实。

第三章
潜能——后天教育比天赋更重要

06 无论怎样,别忘了给自己充电

先装满自己的脑袋,然后再装满自己的口袋,不可本末倒置。

没有知识的人,在现代社会肯定会寸步难行,而且绝对不可能快乐地生活。人生最可悲的是,自己贫困又加上没有知识,那真是一生了无希望。自己虽然贫困,但是因为自己不断地努力上进,逐渐拥有了各种知识,于是通过奋斗可以改变自己的命运。一个人求知的欲望是与生俱来的,自己越早掌握知识,那么越能尽快地走上幸福之路。哈佛人忠告:先装满自己的脑袋,然后再装满自己的口袋,不可本末倒置。知识从来不怕多,就怕"书到用时方恨少"。

培根说:"知识就是力量。"他比喻知识像烛光,既能照亮自己,又能照亮别人。而海伦·凯勒则把追求知识比作获得幸福的法宝。卢梭更认为,愚昧无知从来不会给人带来幸福,唯有知识才给人无限的幸福。好多科学家把学习知识当作取之不尽的源泉,用之不竭的财富,终生都沉浸在求知之中。他们把学习当作人生的核动力,没有一天不读书学习的,没有一刻不学习思考的。

在当今时代，你如果不每天学习，不断充电，那么很快就会被发展的社会所淘汰。因此，无论在何时何地，每一个现代人都不要忘记给自己充电。只有那些随时充实自己、为自己奠定雄厚基础的人，才能在竞争激烈的环境中生存下去。

大多数人从学校毕业后进入社会就停止了学习，这种人以后很难再有什么进步。反之，那些走出校门，而从不间断学习的人，才最终成得大器。

所谓"大器晚成"的人必是那种保持自觉学习的人，他们勤奋地学习，踏实地进步，自身实力与日俱增。我们每天都面临着新情况、新挑战，每天都要面对新事物，因此学习与生活同在。

一份工作，许多人干一段时间就觉得没意思了，想换一份。而换工作是有条件的，有实力才能换工作，而实力来自你自己。现代社会给予人的机会很多，你只要天天学习，就会天天有进步。天天有机会，你的生活也就会生机勃勃。

那么你应该用何种态度来对待你的人生呢？如果因为目前的工作进行得很顺利就放宽了心，每天优哉游哉地游戏人生，那么，目前的情形也许离失败已经不远了。学习"如逆水行舟，不进则退"就是这个道理。

与此相反，如果能将这份工作当作一生的事业来做，并埋头苦干，不断进取和探索，那么你的前途将不可限量，你就能日日以清新愉快的心情去做自己的工作，不会觉得疲倦。当你有理想并为之努力时，你的生活会是多姿多彩的，你的心情也会是轻松愉快的。

要有一股拿生命做赌注的热忱，并把自己的使命刻在心里，为了完成使命，你必须学会全力以赴地去做、去学、去充电，生命力才会更加强大，你的"能量"才会不断地得到补充，才能让生命更有意义。

只有严格要求自己、不断进取的人，才有资格与人比高下。

不断学习，不断进步，这一点无论何时何地都不能改变。艺术界的知名

第三章
潜能——后天教育比天赋更重要

演员,都是很有天赋的人,但他们仍会分秒必争地为提高自己的演技而认真学习。如果报纸上的影评、剧评指责他们的缺点,他们会一夜不眠地思索自己的缺点。就因为这样,我们才能欣赏到完美的表演。对一个公司员工来说,平时认真地学习和进步也很重要。如果缺少不断学习和进步的进取精神,绝对培养不出自己的信心和实力来担任成大事者的工作。

罗伯特最初在一个律师事务所供职3年,尽管没有获得晋升,但他在这3年中,把律师事务所中的一切工作都学会了,同时拿到了更高一级的毕业证书。但是还有不少在律师事务所里工作的人,如果以时间论他们的资格要比罗伯特要老,可是他们却进步不大,难以独自承担一份工作,当然薪金也不高。两相比较,同样是年轻人,前者就是因为立志坚定、注意观察、仔细谨慎,并能利用业余时间学习,让自己得到深造,因此获得了进步。但后者却恰恰相反,得过且过地混日子,那还能有什么进步呢?

有一位年轻人,他有很多优点,为人忠厚,对人热忱,也能恪守工作时间,从不偷懒,但他就是不注意积累工作经验,总结工作经验,也从来不注意学习掌握新的经验、新的技术、新的思想。他像一头埋头拉磨的驴一样,只知工作不知学习,所以只能做原先的工作,多少年地原地踏步。

有些年轻人时时注意身旁的事务,随时随地专心学习,处处在意积累经验,他们能把自己的工作、自己的机构当作一所不断学习的学校。由于他们努力钻研、刻苦磨炼,因此进步神速,成绩斐然。

一个前途光明的年轻人随时随地都注意磨炼自己的工作能力,任何事情他都想做得高人一等;对于一切接触到的事物,他都能细心观察,留意研究,对重要的东西务必弄得一清二楚方肯罢休。他也随时随地能把握机会来学习、磨炼、研究,他更是看重与自己前途有关的学习机会,在他看来,积累知识要远胜于积累金钱。

他随时随地都注意学习做事的方法和待人接物的技巧。有些极小的事情，他也认为有学好的必要。对于任何做事的方法，他都要详细考察，探求其中获得成功的诀窍。他明白如果他把所有这许多事情都学会了，他所获得的内在财富要比那有限的薪水高出无数倍。而他的工作兴趣也完全在于学习知识、积累经验与磨炼能力。

有些才识过人的青年习惯利用晚上的空余时间，来研究白天的所见所闻、白天所思考的工作方法和种种技巧。经过一番思考、分析、综合，他从中得到的益处，要比白天工作所获的薪水高出数倍。这些人都很明白，由工作所积累的学识正是他将来成功的基础，是他一生最有价值的财富。

常常听到有人抱怨薪水太低、运气不好、怀才不遇，但他们不知道，他们其实正身处一所可以求得知识、积累经验的大学校里。而日后一切可能的成功，都要看他们当时学习的态度和效率。

第四章
成败——成功不是偶然，失败绝非命运

人人都渴望成功，在追求成功的道路上，难免会遭遇失败，一次的失败不代表终身的失败。因为一次短暂的失败而惊慌失措只能乱中添乱，因为没有坚韧的毅力而中途放弃只能导致走向更大的失败。只要我们坚持不懈，加上努力尝试，最终我们一定会成功。

01 为自己选定一个合适的目标

一个没有目标的人就像一艘没有舵的船，永远漂流不定，只会到达失望、失败和丧气的海滩。

美国总统罗斯福的夫人在年轻时从班宁顿学院毕业后，想在电信业找一份工作，她的父亲就介绍她去拜访当时美国无线电公司的董事长隆尔洛夫将军。隆尔洛夫将军非常热情地接待了她，随后问道："你想在这里做什么工作呢？"

"随便。"她答道。

"我们这里没有叫'随便'的工作，"将军非常严肃地说道，"成功的道路是由目标铺成的！"

一个想要找到金矿的采矿者，如果他认为在海滩上挖掘更容易，而因此就在那儿寻找金子，那么他找到的肯定只是一堆堆的沙土，而绝对不可能找到金子。所以，不要在不必要的地方付出你全部的精力，若要有所收获，必须选择正确而合适的目标。

第四章
成败——成功不是偶然，失败绝非命运

一个人要获得事业上的成功，首先就要设立明确而合理的目标，并且要在前进过程中恰当地做出调整和修正，拿出最适合事业发展的目标。这一点至关重要。

只有确立了目标，人生才有奋斗的方向。目标就是你的指南针，只有朝着目标前进，你才能最快地到达成功的彼岸。

一个没有目标的人就像一艘没有舵的船，永远漂流不定，只会到达失望、失败和丧气的海滩。

前美国财务顾问协会的总裁刘易斯·沃克在接受一位记者采访时，问到有关稳健投资计划的基础。记者曾问道："到底是什么因素使人无法成功？"

沃克回答："模糊不清的目标。"记者请沃克进一步解释。他说："我在几分钟前就问你，你的目标是什么？你说希望有一天可以拥有一栋山上的小屋，这就是一个模糊不清的目标。问题就在于'有一天'不够明确，因为不够明确，成功的机会也就不大。

"如果你真的希望在山上买一栋小屋，你必须先找出那座山，我告诉你那个小屋的现值，然后考虑通货膨胀，算出5年后这栋房子值多少钱。接着你必须决定，为了达到这个目标，你每个月要存多少钱。如果你真的这么做，你可能在不久的将来就会拥有一栋山上的小屋。但如果你只是说说，梦想就可能不会实现。梦想是愉快的，但没有配合实际行动计划的模糊梦想则只是妄想而已。"

一个有理想、有追求、有上进心的人，一定都有一个明确的奋斗目标，他们懂得自己活着是为了什么。因而他们所有的努力，从整体上来说，都能围绕一个比较长远的目标进行，他们知道自己怎样做是正确的、有用的，否则就是做了无用功，或者浪费了时间和生命。

我们有时之所以不成功，是因为看到的太多，想得太多，诱惑太多，失去了自己的目标和方向。一个人要明确自己真正想要的东西，最终你才会得

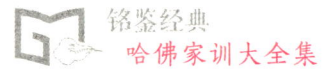

到它。

　　没有找准目标就行动,就像无头的苍蝇一样乱撞,这样命中目标的概率当然会很小。只有明确了前进的目标,一个人才会最大可能地挖掘自己的潜力。只有在实现目标的过程中,我们才能够发挥出自己的创造性。

第四章
成败——成功不是偶然，失败绝非命运

02 像狼一样顽强地争取成功

和巨大的陷阱相比，狼显得那么渺小，然而狼拥有不屈不挠的斗志，它明白：多挖一点儿，自己就多一份生还的希望。

有一只饥饿的狼，经过一番努力，终于捕获到了自己的猎物——野山羊。可还没等它把猎物带回家，就落入了猎人设置的陷阱里。

狼的第一反应就是号叫，那叫声虽凄惨但却嘹亮。可叫了一阵之后，它突然明白了，不行，叫破喉咙也不会有人救我，万一再把猎人和猎犬招来，那可就麻烦大了。

意识到这一点，狼马上闭住嘴。看来，一切只有靠自己才行。于是，它开始沉寂下来，思考出路。过了一阵子，它意识到，如果想要逃出陷阱，必须从陷阱壁上挖下土来垫到自己的脚下，等到垫到足够高时，自己就能跳出去了。

可这项工程实在太艰苦了，狼扒着，挖着，用头拱着，用全身每一个可以救命的动作在自救着。和巨大的陷阱相比，狼显得是那么渺小，然而狼拥有不屈不挠的斗志，它明白：多挖一点儿，自己就多了一份生还的希望。爪子折了，头破了，皮毛被蹭得流血了，狼仍在继续挖着，陷阱虽然能困住狼的身体，却困不住狼的斗志。

经过了一个昼夜的拼死挣扎，一条血肉模糊、伤痕累累的狼走出了陷阱，它用坚强换回了自由，它用不屈重获了生命。步履蹒跚的狼在阳光刺破林海的那一刻，仰天长嗥，像是在向上苍示威：我出来啦！狼重新回到了家族中，不但如此，它甚至连猎物都没有丢下。这只狼告诉了人们什么叫顽强。

在动物界，狼并不是最凶猛的动物，尤其是在食肉动物中，狼丝毫没有优于其他动物的身体条件。它们没有绝对的速度，也没有庞大的身躯，即使是它唯一的武器——锋利的牙齿也是绝大部分食肉动物都具有的。

我们不明白狼为什么而活着？这对于世界上最聪明的人类来说，也是一

第四章
成败——成功不是偶然，失败绝非命运

个深奥的问题。也许仅仅是为了生存，为了狼群的存在。这并不应该是我们关注的，至少在这里是如此。我们应该关注的是：并不被上帝所宠爱的狼，在残酷的自然环境下、在与各种动物你死我活的争斗中、在最可怕的敌人——人类的屠杀后依然顽强地在这个地球上生存。狼，的确是地球上生命力最为顽强的动物之一。

狼身上所体现出来的顽强精神是值得我们人类学习的，唯有坚韧不拔的决心才能战胜任何困难。一个有决心的人，任何人都会相信他，会对他付与全部的信任；一个有决心的人，遇到困难时，会得到别人的帮助。相反，那些做事三心二意、缺乏韧性和毅力的人，没有人愿意信任和支持他，他最终也会一事无成。

一个人有了顽强的决心，方能克服种种艰难，去获得胜利，这样也才能得到人们的敬仰。所以，顽强的人，必定是最终的胜利者。只有决心，才能增强信心，才能充分发挥才智，从而在事业上做出伟大的成就。

许多人最终没有成功，不是因为他们能力不够、诚心不足或者没有对成功的热望，而是缺乏足够的顽强精神，这种人做事时往往虎头蛇尾、有始无终、草草了事。他们总是对自己目前的行为产生怀疑，优柔寡断，永远都在犹豫不决之中。有时候，他们看准了一项事业，但刚做到一半又觉得还是另一个职业更为妥当。他们时而信心百倍，时而又低落沮丧。这种人也许可能在短时间内取得一些成就，但是从长远来看，最终还是一个失败者。

库伊雷博士说过："许多青年人的失败都可以归咎于缺乏信念与决心。"如果你想要获得成功，首要的一点就是需要你自己对这件事拥有顽强的精神和决心。

03 创造力是成功的关键

创造力是最重要的能力。没有创造力，就没有进步，我们就会永远重复同样的模式。

以前有一位国王，他瞎眼断腿，好大喜功。国王很想将他那副尊容画下来，留给后代子民瞻仰。于是，他请来全国最好的画家为他画画。那个画家的确是第一流的，画得很逼真，栩栩如生，很传神，但是国王看了之后很难过，说："我这么一副残缺相，怎么传得下去！"就把画家给宰了。

国王又请来第二位画家，第二位画家因有前车之鉴，不敢据实作画，就把国王画得圆满无缺，把瞎的眼补上去，把断的腿补上去，国王看了之后更难过，说："这个不是我，你在讽刺我。"又把他给宰了。

后来又请来第三个画家，第三个画家怎么办呢？写实派的给宰了，完美派的又给宰了，想了好久，急中生智，画了一幅国王单腿跪下闭住一只眼瞄准射击的画，把国王的优点全部暴露，把他的缺点全部掩盖。这幅画国王看了之后十分满意。

第四章
成败——成功不是偶然，失败绝非命运

　　创造力，简单说是大部分人想不到的，是创造前所未有的事物。创造过程的实质是建立某种新东西，而不是原来某种东西的再现，也就是说，创造性就是非重复性，创造意味着发现、发明、革新，它标志着突破和前进。毫无疑问，创造力是最重要的能力。没有创造力，就没有进步，我们就会永远重复同样的模式。

　　哈佛人发现，创造力人人都有，人和人的差异在于有的人注重创造力的开发，因而显得创造力强些；有的人未和创造结缘，因而显得创造力弱一些。

　　创造力对于一个人将来的发展非常重要。但是很多家长在教育孩子的过程中无形地限制了创造力的发展，如过多限制孩子游戏的内容、时间和方式；不准孩子玩花样、犯错误；给孩子订立各种各样的规矩，这些都影响了孩子创造力的发展。

　　当一个孩子对某一件事有诸多想法的时候，就表示这个孩子的创造力已经显示出来，这个时候，父母应该保护孩子的创造力，给予鼓励与肯定，并为其创造良好的实施创造力发展的环境。

　　让孩子用新的眼光来重新认识身边一些习以为常的事物，是培养创造性思维的基础。让孩子多读些书，看些动画片，那时，他就会对许多本来司空见

惯的事物产生新的惊诧和好奇，他会刨根问底，这样，许多新的体验、新的认识、新的创见就会缓缓涌出。

　　创造力需要自由的时间和空间，因此父母应该给孩子充分的自由，鼓励孩子自由思考和行动，鼓励孩子在群体中敢于发表自己的见解，不惧怕别人的反对意见。当他们犯错误时，要指导他们重新思考自己的想法，以此帮助孩子学会用有创意的方式思考和解决问题。想要让孩子有创意地解决问题，必须让孩子看到一个问题存在的多种可能性和不同的解决方案。当孩子学习解决问题的时候，你要教会孩子深入检查周围环境中的一些隐藏的因素，这会帮助他更好地解决问题。另外，大人们也可以通过给孩子小小的帮助鼓励孩子发挥创造力。

第四章
成败——成功不是偶然，失败绝非命运

04 胜利都是
克服困难的结果

如果一个人害怕困难，不能勇敢地面对生活，那么就不可能成就辉煌的人生。

成功的人并不是行动前就解决了所有的问题，而是在遭遇困难的时候能够想办法克服。不管从事任何活动，一遇到麻烦就要想办法处理，正像遇到桥梁时就跨过去一样自然。

一位著名的大商人说，他在一生事业中所获得的每一个胜利，都是艰苦奋斗的结果。所以到了现在，对于不费力而得来的胜利，他反而有些害怕。他觉得不通过奋斗而得来的东西，总有些靠不住。克服阻碍及种种困难，从奋斗里夺取成功，才会体会到胜利的感觉。困难简直是他的补品。他喜欢做困难的事情，因为这些事情能够试练他的真力量、真本领。他不喜欢干容易的事情，因为不能给予他以喜悦，一种从激战中得到胜利时所感觉到的喜悦。

奥格·曼狄诺是《世界上最伟大的推销员》一书的作者，他出生在一个平民家庭。28岁时，他读完了学校的全部课程，找到了一份工作，并娶了妻子。但后来，由于自己的愚昧无知和盲目冲动，他犯了一系列不可饶恕的错误，最终失去了自己一切宝贵的东西——家庭、房子和工作，他几乎一贫如洗。于是，他开始到处流浪，寻找自己，寻找赖以度日的各种答案。

有一天，曼狄诺认识了一位牧师，这位牧师解答了他提出的许多困扰人生的难题。临走的时候，牧师送给他一部《圣经》。此外，牧师还给他开了一份书单，上面列着11本书的书名。它们是：《钻石宝地》《思考的人》《向你挑战》《最伟大的力量》《富兰克林自传》《获取成功的精神因素》《爱的能力》《信仰的力量》《思考致富》《从失败到成功的销售经验》《神奇的情感力量》。牧师说："你如果读完这些书，你就能解决面临的困难。"

从这一天开始，奥格·曼狄诺就依照牧师开列的书单，把11本书全部找来细细地阅读。渐渐地，笼罩在心头那一片浓重的阴云退去了，似有一抹阳光照射进来，他激动万分，终于看到了希望。

在以后的日子里，曼狄诺当过小贩、公司推销员、业务经理……在这条他所选择的道路上，充满了机遇，也满含着辛酸，但他已不可战胜，因为，他掌握了积极思考的技巧。当遇到困难，甚至失败时，他都用书中的语言激励自己，坚持不懈，直至成功。终于，在35岁生日那一天，他创办了自己的企业——《成功无止境》杂志社，从此步入了富足、健康、快乐的乐园。

奥格·曼狄诺的成功为他带来了巨大的荣誉和财富，以致他被人们称为商界英雄。但曼狄诺没有就此止步，他又开始著书立说。44岁这年，他写出了《世界上最伟大的推销员》一书。该书一经问世，即在全世界流行，不仅仅是推销员，包括社会各个阶层人士，全都被这部作品的风格深深吸引，人们争相阅读。

曼狄诺的经历让我们感慨，如果他没有早年的那些困难，就不会有后来的成就。如果他不能勇敢地面对生活，也就不会克服重重困难，成就辉煌的人生。

第四章
成败——成功不是偶然，失败绝非命运

懒惰是人的天性，人们必须有动力，才肯努力做事。而动力的或强或弱，又可以决定其努力的结果是怎样。

在今天的世界中，不知有多少人的成功都是受赐予他们所遭遇的种种困难的刺激。正因为这些刺激，使得他们发挥出75％以上的潜在能力，而假设没有这些刺激，恐怕有25％的发挥，也是不易吧。

在强大的动力、非常的变故、重大的责任压在一个人的身上时，潜伏在他的生命最深层的种种能力，往往会突然涌现出来，弥坚不克地做出种种大事来。

历史上有很多这样的例子：为了要弥补自己身体上的缺陷，许多人创造出了惊人的成就。

据说，有一位著名的法国人，是个手足折断的残疾者，有一位客人，为要一窥他究竟怎样行动和饮食，特地去拜访他。结果，他的学识及美妙的言词令那个客人佩服得五体投地，竟忘记了自己面对的是一个肢体不全的残疾人。

05 把"不可能"从你的字典里删除

世界上本没有不可能的事，只是还没有找到方法而已。

过去人们说起"不可能"，会说"除非水往高处流""难于上青天"，那是因为没有发明抽水机、飞机和宇宙飞船，世界上本没有不可能的事，只是还没有找到方法而已。

任谁都不会想到，平时毫不起眼的眼镜布竟成为日本1989年第二大畅销商品。

有70%的日本人与眼镜有缘，每年的眼镜销售量相当可观。可是多年来眼镜布只配放在眼镜盒里，因为它款式陈旧、色调单一。

"东纶"产品开发部的新井每天都为眼镜擦不干净而苦恼。一次，他灵机一动，为什么不开发一种新式眼镜布呢？他走访了许多眼镜店，发现眼镜商只是把眼镜布作为眼镜的附属品出售，而从来没有把它当作一个单独的产品开发。新井根据自己的经验决定打破常规，他的理由有三点：第一，日本人的消费水平和结构已经发生了很大变化，人们已经不在乎免费赠送附属品，只要产

第四章
成败——成功不是偶然，失败绝非命运

品有吸引力，消费者一样会积极购买。第二，原来的眼镜布早已不能满足人们的需求。第三，如果按照流行学的原理设计新产品，再不起眼的东西也会畅销。

几个月后，当眼镜店里出现一块块设计新颖、做工精致的眼镜布时，常年用腻了老式镜布的消费者纷纷挤进眼镜店。事实证明了新井预测的准确性。当年，新井的这种新型眼镜布的销售额就大大超出了原计划，成了1989年日本第二大畅销商品，成了人们茶余饭后的热门话题之一。

意念的强弱，从某种意义上说是一个人成与败的决定因素。只要积极思考，就没有不可能的事。

对于变"不可能"为"可能"，拿破仑·希尔曾经用过一种奇特方法。

年轻的时候，拿破仑·希尔抱有一个当作家的雄心。要达到这个目标，他知道自己必须精于遣词造句，字词将是他的工具。但他小时候家里很穷，没有接受完整而系统的教育，有许多人跟他说他的雄心是不可能实现的。

年轻的希尔省吃俭用买了一本最好的、最完全的、最漂亮的字典，他所需要的字在这本字典里面都可以找到，而他的"意念"是完全了解和掌握这些字。但是他做了一件奇特的事，他找到"不可能"这个词，用小剪刀把它剪下来，然后丢掉，于是他有了一本没有"不可能"的字典。在以后的奋斗历程中，他始终把自己的事业建立在这个前提上，那就是对一个要成长，而且要成长得超过别人的人来说，没有任何事情是不可能的。

只要你从你的字典里把"不可能"这个词删除，从你的心中把它铲除，从你的谈话中将它剔除，从你的想法中将它排除，从你的态度中将它扫除，不要为它提供理由，不再为它寻找借口，把这个词和这个观念永远抛弃，而用光辉灿烂的"可能"来替代它，你就能够将"不可能"变为"可能"。

改造命运，不为群体意识所牵绊，不被"不可能"这类词汇所难倒，常常是极少数人的思想和行为。一件件曾被认为"不可能"的事在他们手中变为

可能。所以,他们最后成为成功者。

你愿意过"大部分人"那"正常"的生活,还是想拥有"极少数人"那"不正常"的成功生活?如果你选择了后者,就要学会运用自己的意念。坚信你能,那么你就真的一定能,并一定能将一切"不可能"变成"可能"。

第四章
成败——成功不是偶然，失败绝非命运

06 黑暗中更应看到光明

愈是置身黑暗中的人就愈有希望看到光明，只要不放弃，生命的花朵会为你绽放。而置身光明的人也不要被迷失，生命就在于不断的努力，不懈的坚持。

有一个赴夜路的商人，在穿越一座山中的密林时，遭遇了一个山贼拦路抢劫。商人立即逃跑，山贼在后面穷追不舍。在走投无路的时候，商人无奈地钻进了一个漆黑的山洞里，希望能躲过一劫，而山贼紧随其后也追进山洞里。这是个迷宫一般的连环洞，然而在洞的深处，商人仍然未能逃过山贼的追逐。黑暗中，商人被山贼逮到了，一顿毒打之后，身上所有的财物，包括一把夜间照明用的火把，统统被山贼抢去了。唯一走运的是山贼并没有要他的命，或许是认为他没有了火把，在这样的山洞里是走不出去了，山贼认为这将是死路一条。

山贼将抢来的火把点燃之后，独自走了，商人也摸索着爬了起来，两个人开始各自寻找着洞的出口。无奈的是这山洞极深极黑，而且洞中有洞，布局一样，纵横交错，不知道的人永远也走不出去。

山贼有了火把照明，能够看清脚下的路，因而不会被石块绊倒；他也能看清周围的石壁，所以他也不会碰壁。令人难以置信的是：他走来走去，始终走不出这个山洞，最终，他因力竭而死于洞中。

商人由于失去了火把，所以看不到路，只能在黑暗中摸索着行走。因为几乎看不到一点点路，他不是碰壁就是被石块绊倒，跌得鼻青脸肿。幸运的是，也正因为商人置身于黑暗之中，所以他的眼睛对光的感觉也就异常敏锐，他感受到了洞外透进来的极微弱的星光，他迎着这缕微弱的希望之光摸索爬行，历尽艰辛后，终于逃离了山洞。

仔细想想，世间之事大抵如此。许多人往往被眼前耀眼的光明迷失了前进的方向，最终碌碌无为；而另外一些人虽然身处黑暗中，却能够迎着那点微弱的希望，磕磕绊绊，最终走向了成功。

在人生的漫漫征途上，不要因为一时的失意而心灰，也不要因为一时的迷茫而气馁，愈是置身黑暗中的人就愈有希望看到光明，只要不放弃，生命的花朵会为你绽放。而置身光明的人也不要被迷失，生命就在于不断的努力，不懈的坚持。

第四章
成败——成功不是偶然,失败绝非命运

07 每一次坎坷
　　都是一场历练

　　人生与河流一样,不经受历练的人生是单调、幼稚的人生。

　　罗森沃德是美国最大的百货公司西尔斯—娄巴克公司的最大股东,他也是美国20世纪商界风云人物。然而,这个做服装生意起家的富翁同样经历了许多创业时的坎坷与艰辛。

　　罗森沃德1862年出生在德国的一个犹太人家庭,少年时随家人移居美国,定居在伊利诺伊州斯普林菲尔德市。

　　罗森沃德的家境不大好,为了维持生活,中学毕业后,他就到纽约的服装店当跑腿,做些杂工。罗森沃德年幼时受犹太人的教育影响颇深,骨子里有一种艰苦奋斗的精神。他确信凡人都有出头之日,一个人只要选定了目标,然后坚持不懈地向目标迈进,百折不挠,胜利一定会酬报有心人。罗森沃德本着这种信念,十分卖力地工作,最后赚了几百块钱。

　　"我要当一个服装店老板。"这是罗森沃德为自己设立的奋斗目标。为了实现这个目标,他除了在工作中留心学习和注意动态外,把全部的业余时间用

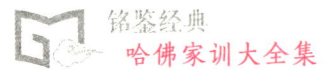

于学习商业知识，找有关的书刊阅读。到1884年，他认为自己的经验和本金都有了，便决定自己开设服装店。可是，他的服装店门可罗雀，生意非常不好，经营一年后，便把多年辛苦积攒的一点血汗钱全部亏光了，服装店只好关门。罗森沃德垂头丧气地离开纽约，回到了伊利诺伊州。

痛定思痛，罗森沃德反复思考自己失败的原因。最后，他找出了原由：服装是人们的生活必需品，但又是一种装饰品，它既要实用，又要新颖，这样才能满足各种用户的需求。而自己经营的服装店，没有自己的特色，也没有任何新意，再加上自己的服装店未建立起商誉，没有销售渠道，失败是必然的。

针对自己出师不利的原因，罗森沃德决心改进，他毫不气馁继续学习和研究服装的经营办法。他一边到服装设计学校去学习，一边进行服装市场考察，特别是对世界各国时装进行专门研究。一年后，他对服装设计有了一定的心得，对市场行情也看得较为清楚。于是，决定重振旗鼓，他向朋友借来几百美元，先在芝加哥开设一间只有10多平方米的服装加工店，他的服装店除了展出他亲自设计的新款服式图样外，还可以根据顾客的需求对已定型的服饰改进，甚至可以完全按顾客的口述要求重新设计。因为他的服装设计款式多，新颖精美，再加上其灵活经营，很快博得了客户的欣赏，生意十分兴旺。两年后，他把自己的服装加工店扩大了数十倍，改为服装公司，大批量生产各种时装。

从此以后，他的财源广进，声名鹊起。

哈佛告诉学生：人生与河流一样，不经受历练的人生是单调、幼稚的人生。

对于青少年来说，精彩的人生才刚刚开始，他所经历过的，只是人生的一小部分，由此就总结自己对待人生的态度，甚至妄谈生死，看破红尘，不免太过偏激。没有经历过生活又怎会懂得生活的艰辛；没有经历过真正的痛苦又怎会懂得选择快乐的角度；没有经历过坎坷又怎会懂得获得成功的喜悦。

第四章
成败——成功不是偶然，失败绝非命运

百糖尝尽方谈甜，百盐尝尽才懂咸。当我们笑谈生死时，是否真正懂得看破红尘的意境；当我们妄言快乐时，在生活中是否已然背起足够的痛苦。

人的一生会遇到多少失败与坎坷，这是我们无法预算的，所以要培养孩子乐观的精神，告诉孩子怎样面对失败，面对坎坷的方法。

如果你永远都将孩子保护起来，帮他挡住伤害与失败，那他就永远也学不会如何承受打击。所以，要给孩子一个体验挫折的机会。

凡成大事者，必须经得起磨难的历练，经得起失败的打击，成功需要风雨的洗礼。一个有理想、有抱负的人，总是把挫折看作他前进的动力，有一句话说得好："能受天磨真铁汉，不遭人嫉是庸才。"所以说，磨难对于天才是一块成功的跳板，对于强者是一笔宝贵的财富。而对于弱者就是使之坚强的臂力器。磨难是一所包罗万象的大学。

曾有人说：成功的人生是失败与成功的交织，是磨难与顺利的交替。卓越的人生从卓越的目标开始，卓越目标的实现必然是一条充满荆棘和坎坷的路。经受了荆棘的刺痛和坎坷的摔打，追求成功的意志才会坚强起来，历练是人生不可多得的宝贵财富，拥有了这笔财富，就没有什么困难不能克服，没有什么曲折可以把人击倒。丰富的人生历练是走向成功的奠基石。

命运赐给我们机遇和幸福，同时也给我们缺憾和苦难，我们没有必要害怕，更没有必要怨天尤人，用坚强的意志和刚毅的态度对待磨难，用豁达的心态对待生活，就会多一些希望，多几分幸福。

08 永远不要拒绝改变自己

改变就意味着你要放弃原来的一切，面对未知世界，重新开始。你必须改变，因为重新开始是为了更好地得到。

一个人若能改变自己，便意味着理智的胜利；自己征服自己，意味着人生的成熟。能改变自己、征服自己的人，便有力量战胜一切挫折、痛苦和不幸。

有人做过这样一个实验：

将一只青蛙猛然扔进一桶沸水中，青蛙一接触到沸水就会迅速地跳出来；如果将青蛙放在冷水中，慢慢将水煮沸，青蛙舒展四肢，慢慢享受温水浴，最后水沸腾的时候，它却跳不出来了，因为它已经被煮死了。

这个实验告诉我们：面对客观世界的改变，每个人都应不断地改变自己，否则，老是停留在过去安逸的状态，必将遭到淘汰，就像青蛙一样慢慢地被煮死。

第四章
成败——成功不是偶然，失败绝非命运

很多人都有很强的个性，对改变自身显然持有一种抵触情绪。实际上，一旦踏入社会，特别是步入职场，你必然置身于不断的改变之中，如进入一家规范的公司，着装要改变，人际关系的处理方法要改变，等等。这种改变往往是强加于你的，你只能被动地接受，当然，你也可以主动地改变自己，去适应潜在的改变。一个懂得不断改变自己的人，往往能很快适应客观世界的改变，抓住发展的机会，在变革中求生存，并最终成就一番事业。

当然，改变就意味着你要放弃原来的一切，面对未知世界，重新开始。你必须改变，因为重新开始，是为了更好地得到。

所以，永远不要拒绝改变自己。要树立危机意识，随时做好改变自己的心理准备。

有两个人，在森林里游玩，碰到了一只老虎。一个人惊慌甚至绝望地说:"这下我们完了。"这时,他看见另一个人在弯腰系鞋带,就问那个人在干什么。那个人回答:"我要比你跑得快。"

可见,要树立危机意识,做好心理准备,是你改变的前提。只有这样,你才会在需要改变的时候,及时做出改变,始终跑在别人的前头。

100多年前,芝加哥世界博览会展出了一项发明——拉链,尽管发明家费尽口舌宣称这种拉链可以代替鞋带,解决系鞋带的麻烦,但并没有引起足够的影响。

只有一个叫沃克的人花了一美元买下了拉链,仅仅是出于对发明家的同情。沃克决定先制造一部生产拉链的机器,他开始精心研究拉链的构造及制作原理,研究中,他越来越觉得这项发明一定会走俏世界,成为人们不可缺少的伙伴。19年后,大批拉链面市了,他与制鞋公司合作,将精致的拉链安在鞋上推向市场。但结果却出乎沃克等人的意料,大批成品鞋在仓库里堆积如山。这一棒几乎将沃克击倒,他一个人深居简出,郁郁寡欢。但几天后,痴心不改的沃克又重整旗鼓,他想,拉链的制造是为了给人们带来方便,为什么只围着一双鞋想问题呢?于是,他又尝试着把拉链加工到钱包、军服上。这下很快就打开了市场,使得拉链风靡全球。

拉链还是那个拉链,只有把它放在适宜的位置上,才会大放异彩。

有的时候,人就像拉链,因为没放到适合的位置上而默默无闻。也许你当初的位置是比较适合你的,但随着情势的改变,如果当初的位置不再适合你了,你就应该及时地改变自己,寻找更好的位置才会有更好的发展。

琼斯是学软件设计的,想进一家著名的IT公司,虽然那家公司招聘的不是软件设计人员,他还是报名应聘,并被选中了。进公司后,琼斯被安排做电脑及网络维护工作,刚开始觉得挺新鲜,也挺有成就感,但几个月后他就失去了工作的热情。他认为设计工作更适合自己,于是想到设计部工作。可是公司的软件设计人才济济,虽然自己的能力也不差,可老板会同意吗?琼斯决定先主

第四章
成败——成功不是偶然，失败绝非命运

动承担一项软件设计任务，让自己的能力说话。于是他找到老板，谈了自己的想法。

老板疑惑地问："你能行吗？"

琼斯自信地回答："设计是我的专业，我想我一定不会比别人做得差，而且我承担这项设计任务，会在不影响现在工作的前提下完成。"

老板给了琼斯一个机会。琼斯设计的软件程序让老板喜出望外，并立即将琼斯调到设计开发部。琼斯抓住机会，努力工作，干出了优异的成绩，并获得了老板的青睐和同事的赏识。

成功不是我们想的那么遥远，只要你懂得改变自己，将错误的思想从脑中摒弃掉，成功离你就越来越近。有句话说得好："改变自己才能改变世界。"

一个人不愿改变自己，往往是舍不得放弃目前的安逸状况。这样做的后果是，安逸使你慢慢失去改变的警惕性，当你遭遇"晴天霹雳"的时候，你才会发觉不改变是不行的，而此时你已经失去了很多宝贵的机会。所以，聪明人会主动打破现有的安逸假象，改变自己，迎接更好的开始。

危机意识是一个人在社会中行走的最主要的思想武器，只有时刻关注环境变化，不断改变自己，你才能保住自己的竞争优势，保住自己的"地盘"并获得更大的发展。

第五章
思想——心有多远，路就有多远

生活的快乐与否，完全取决于一个人对人、事、物的看法如何。因为生活是由思想造就的。每个人的命运完全取决于他们的思想。消极的思想将产生消极的生活，积极的思想则创造积极的生活，所以我们要让积极的思想主宰我们的心灵，凭借积极的力量实现心中的理想。

01 别让自己成为
旧思维的囚徒

妨碍人们学习的最大障碍,不是未知的东西,而是已知的东西。

在我们的周围,生活着无数"囚徒"——思维的囚徒。这些人都有"自身携带的栅栏",他们把自己关在里面,终生不敢越雷池一步。而创新的思维就在这日复一日的囚禁中死掉了。

公元前2世纪罗马伟大的医学家盖伦,一生中写了256本医学专著。这些专著在他以后长达1 000多年的时间里,都被许多医学专家、生物学家奉为至高无上的经典。

盖伦在其中的一本书上说,人的大腿骨是弯的,大家也就一直都相信人的大腿骨是弯的。

可后来在一次实际的解剖中,人们发现人的大腿骨是直的。

按理说,这时就应该纠正盖伦书上的错误,向人们展示出事物的本来面目。可是,因为人们太崇拜盖伦了,到了此时依然顽固地相信盖伦绝对不会错,写了那么多巨著的人怎么会错呢?

第五章
思想——心有多远，路就有多远

但他们的发现又明明与盖伦的书本相矛盾，这该如何解释呢？

大家为了继续证明盖伦的正确无误，终于挖空心思找出了这样一个"聪明绝顶"的理由：

这是因为在盖伦那个时代，人们都穿长袍，不穿裤子，人的弯曲的大腿骨得不到纠正，所以人的大腿骨都是弯曲的。后来，人们开始穿裤子，不再穿长袍了，长期穿裤子的结果，导致了大腿骨变直了。

当我们面临新情况、新问题而需要开拓创新的时候，旧的思维就成为一只"拦路虎"。正如法国生物学家贝尔纳所说："妨碍人们学习的最大障碍，不是未知的东西，而是已知的东西。"

在学习、生活中勇于独立思考，在日常生活中善于注入创意，正是能够从自我囚禁的"牢笼"里走出来的鲜明标志。

世界上没有两片完全相同的树叶，同样，世界上也没有两个完全相同的人。每个人自身的独特性，造成其别具一格的思维方式。在保持个性的同时，应追求突破创新，否则，就将陷入自身思路的"圈套"之中。

创新的最大障碍就是常规思维的惯性，又叫"思维定势"。简单说，就是把对待事物的观点、分析、判断都纳入了程序化、格式化的套路，对具体问题的分析判断僵化、机械，从而失去了它的灵活性。当面对创新的事物时，如若仍受其约束，就会形成对创造力的障碍。

要从自囚的"牢笼"里走出来，首先就要还思维状态以自由，突破常规思维。

哈佛的教育家们告诉我们，如果家长运用传统的思维方式去教育孩子，就会冻结孩子的心灵，阻碍其进步，也干扰了孩子的创造能力的培养。

以下是对抗传统性思考的方法：

首先要乐于接受各种创意，要摒弃"不可行""办不到""没有用""那很愚蠢"等消极思想。

其次，要打破传统思维，建立理性的思维，更要敢于幻想。

每一个人都具有想象力，而想象力正是创造力的源泉。将梦境中的所见尽量描绘出来，就是一种想象力的运作；发明一样东西或创造一样东西，也都是在发挥想象力。

想象力丰富的人，好奇心会比别人强10倍；而好奇心强烈的人，不但对吸收新知识抱有高度的热忱，而且还经常搜寻处理事物的新方法。

因此，想象力越强，创新的能力也就越强。

第五章
思想——心有多远，路就有多远

02 一天的思考
　　胜于一周的蛮干

我们需要的是最高的效率和最高的成功率，这就需要我们多动脑思考，多想想，直到想到正确时，才做正确的事。

有一位擅长画猫的画家，由于画技高超，笔下的猫都栩栩如生，以至于许多人把他的画买回去挂在墙上后，家里的老鼠都逃光了。因此，画家被人们誉为"猫王"。

不过，这位画家性格比较古怪，一生只带了两个徒弟孙超和王品。

一天，画家把二徒弟王品叫到跟前，说："你可以出师了，你不但学到了我画猫的全部技巧，而且还在很多方面超过了我。"二徒弟王品说什么也不愿意离开师傅，但画家态度坚决，王品只好含泪辞别了师傅。

大徒弟孙超见此，便心急火燎地找到画家说："师傅，我也要出师，你为什么只让师弟出师呢？要知道我比他还早来半年呀！"

"的确，你跟我学画的时间比他长一点，但是，你这一辈子，恐怕永远也出不了师了。"画家严肃地说。

"为什么？"大徒弟孙超极为不解。

"你跟我学画，只知模仿，却没有任何创新，也就是说，你是在用手画画。而你师弟呢，则是用脑子画画，他画的猫在很多细节方面已超越了我。你的基本功虽然很扎实，但不善于思考，不善于用脑，这就是你永远出不了师、也永远无法超越你师弟的原因。"大徒弟孙超听后，不服气地走了。

若干年后，大徒弟孙超画的猫在市场上无人问津，而二徒弟王品则成了远近闻名的"猫神"。人们都说他画的猫已超过了他的师傅。

大徒弟和二徒弟学画的时间相差不多久，而且出自同一师门，但两人的结局却是天壤之别。二徒弟成功的奥秘便是缘于他勤于动脑。

任何人都希望获得成功，而少些失败的苦楚，但我们在做的过程中，却往往忘记了思考的价值，更多的时候是漫无目的地去做，盲目地去做，有可能

第五章
思想——心有多远，路就有多远

我们成功了，但那是我们撞对了。我们需要的是最高的效率和最高的成功率，这就需要我们多动脑思考，多想想，直到想到正确时，才做正确的事。

人重要的是学会思考，只有会思考，才会有智慧。智慧只属于会思考的人。正是思考的力量使一个本来处于劣势的人获得了转机。正确的思考可以告诉我们如何去行动。任何一个有意义的构想和计划都出自于思考。一个不善于思考难题的人，会遇到许多取舍不定的问题。一个善于思考的人由于养成了勤于思考的习惯，所以善于发现问题、解决问题。

哈佛大学教授说："人类的整体智慧水平相对于个人的想法而言，常常具有一种趋同性，而许多成功人士恰恰从这相同或相似的想法中跳出来，寻求新的出路。因为他们善于开动脑筋，会精心策划，从而发现富有启迪意义的现象。"

美国成功学大师拿破仑·希尔说："思考能够拯救一个人的命运。"当你处于消极状态的时候，用思考转换感觉，调整方向，是自我慰藉的唯一方法。一个人只有积极地思考，才可能有远大的希望，才会激发他们内在的潜能，增强他努力的动力，以求得光明的前途。

对于一个成大事的人来说，成功无非就两点：一是正确的思维方式，二是正确的方法，但首要的是正确的思维方式。如果你保持积极的思考，掌握了自己的思考，并引导它为你明确的目标服务，你就能享受到良好的结果。

03 独立思考最重要

思考者，首先必须是一个独立的人，进而必须拥有独立思考的权利，进而具有独立的思想。

一位匈牙利人在20世纪40年代发明了圆珠笔，由于它易于书写和便于携带，所以一经问世便风行全球。这位匈牙利的发明家为此发了财。然而好景不长，这种圆珠笔使用一段时间就会出现漏油的毛病，弄脏了纸张及衣袋。因此，圆珠笔上市一两年后就出现了销售危机。

圆珠笔发明者及很多研究圆珠笔的人对于漏油问题都进行了反复研究，结果发现笔珠书写时受到磨损，墨油就跟随磨损部位漏出来。

很多人为此绞尽脑汁，却毫无办法，因为大家的注意力一直停留在笔珠的研究上，一直在如何提高笔珠的耐磨性上做文章。当他们把笔珠的耐磨性改善后，笔珠与笔杆接触的耐磨问题冒出来了，而此问题一直没能得以解决。

在日本人中田藤三郎的眼中，圆珠笔是个很有发展前途的商品，假如能改进它的漏油问题，将会获得比匈牙利发明者更大的财富。于是他也投入该难

第五章
思想——心有多远，路就有多远

点的研究。

中田分析了圆珠笔的结构及出毛病的原因，也总结了许多人对改进漏油问题的失败经验，最后，他采取逆向思维的方式，成功地解决了圆珠笔漏油的毛病。中田一举占领了世界圆珠笔市场，获得了远比匈牙利的发明者更多的财富。

中田的做法其实很简单，是在笔芯上做文章。他通过反复试验，统计当圆珠笔写到多少字后就漏油，在掌握这个数量的基础上，他着手把笔芯的油量减少，减少到圆珠笔磨损在开始漏油之后，芯子中的笔油已经用完了，这样，再也无油可漏了。笔芯的油用完了，可换支笔芯，圆珠笔可以继续使用。就这样，中田没有被常人思考的框框套住，巧妙地解决了难题。

巴金说："有些人不习惯'独立思考'，也不习惯别人'独立思考'，他们把自己装在套子里。"思考者,首先必须是一个独立的人,进而必须拥有独立思考的权利,进而具有独立的思想。

独立思想是美国学界的最高价值。美国高等教育体系以最严肃的态度反对把他人的著作或者观点变为己有——即所谓剽窃。无论哪一个学生这样做都将受到严厉的惩罚,直至被驱逐出大学。

所以,当你在准备任何类型的学术论文——包括口头发言稿、平时作业、考试论文等时,你必须明确地指出,你文章中有哪些观点是从别人的著作或任何形式的文字材料上引用或借鉴而来的。

对独立思想的鼓励和培养,是哈佛大学的教育之本。同时,从更深一个层次可以看出,哈佛要求每一个学生拥有创新能力。

独立思想对于每个人来说都是非常重要的。歌德曾说过:"谁不能主宰自己,就永远是一个奴隶。"良好思维习惯的形成不是一蹴而就的事,它既需要家长耐心地教育和思索,更需要家长根据孩子的特点扬长补短,使孩子的心智得到和谐发展。

对于那些始终保有独立思想的人来说,永远不会跟随众人的思维模式,找到一条独辟蹊径的解决办法的道路,是他们的一种特质。

独立思想是与思维定势斗争的有效武器,无论是在创新思考的开始,还是在其他某个环节上,当我们的创新思维遇到了障碍,陷入了某种困境,难以再继续下去的时候,必须停下来认真检查一下:我们的头脑中是否有了某种思维定势在起束缚作用?我们是否被某种思维定势捆住了手脚?

要有独立的思想,一定要学会专注,不管做什么事都要一件件地去做,不要同时去做许多事,否则不仅无法做好一件事,也无益于独立思想的形成。

当然,必不可少的独立思想还需要一定的意志力,面对困难千万不要退缩,要有不解决掉不轻易放弃的决心,更好地、更大限度地获取有益的信息,促成自己获得辉煌的成就。

第五章
思想——心有多远，路就有多远

04 真理是
　　人的启明灯

人们索性把它改成了选择题，为了财富、为了面子、为了前途……"坚持真理"最终成了一道选择题。

哈佛大学的校训是："Amicus Plato, Amicus Aristotle, Sed Magis Amicus VERITAS。"翻译成中文就是，"与柏拉图为友，与亚里士多德为友，更要与真理为友。"

这三句话，言简意赅，精炼入神。但如果没有一定的知识背景，不仔细体味，相信很少有人能真正理解和体会这句话的真切含义了。

柏拉图和亚里士多德都是古希腊伟大的哲学家，亚里士多德是柏拉图的学生。与这两位哲人为友，也就是与智慧为伴，与真理为友。它正是哈佛人崇尚真理、追求学术自由的最朴素的体现。也许正是因为这种氛围才使哈佛享誉全球。

柏拉图是一个唯心主义哲学家，他认为感觉是以个别事物为其对象，因而不可能是真实知识的源泉，一切真实的知识，只是不朽的灵魂对理念的回

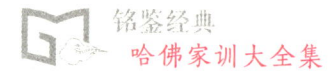

忆。辩证法"从理念出发,通过理念,达到理念",逐步上升到最高理念,即善的理念,这就是宇宙最高的和最终的目的。

亚里士多德与他的老师柏拉图相比,更注重实践和经验,更讲究逻辑、方法与工具。他是逻辑学说的创建者,也是西方理性分析的奠基者。他认为经验比理论重要之处在于经验的个体性。他说:由于记忆和理性产生归纳,多次重复对一种事件的记忆产生经验,个体积累是经验,推广至整体就是理论或技术。但是他意识到这种推广未必可靠。他认为,经验并不比理论低贱,对于个体,"有经验没理论"强于"有理论没经验"。

了解了这两大人物的背景和思想,我们就可以用比较通俗的语言解读哈佛校训:与最好的理念为友,与科学的方法为友,更要与真理为友。

古今中外,不少仁人志士为了追求真理而忘我奋斗,他们心中没有荣禄利欲,他们是为了人类的真理而奉献一生。世间的真理无不凝聚着研究者的智慧与心血。

很多时候,真理就在眼前,我们已经接近了真理,但因为缺少自信,又远离了真理。坚持真理的勇气来源于对事实的坚定信念。通往真理的道路不会一帆风顺,要想不被假象所迷惑,关键就看我们能否对真理坚持到底。

他是英国一位年轻的建筑设计师,很幸运地被邀请参加了温泽市政府大厅的设计。他运用工程力学的知识,根据自己的经验,很巧妙地设计了只用一根柱子支撑大厅天顶的方案。

完工后,市政府请权威人士进行验收时,对他设计的一根支柱的方案提出了异议。他们认为,用一根柱子支撑天花板太危险了,要求他再多加几根柱子。

年轻的设计师十分自信,他说:"只要用一根柱子便足以保证大厅的稳固。"他通过详细地计算并列举相关实例加以说明,拒绝了工程验收专家们的建议。

第五章
思想——心有多远，路就有多远

他的固执惹恼了市政官员，年轻的设计师险些因此被送上法庭。

在万不得已的情况下，他只好在大厅四周增加了4根柱子。不过，这四根柱子全都没有接触天花板，其间相隔了无法察觉的两毫米。

时光如梭，岁月更迭，一晃就是300年。

300年的时间里，市政官员换了一批又一批，市政府大厅坚固如初。直到20世纪后期，市政府准备修缮大厅的天顶时，才发现了这个秘密。

消息传出，世界各国的建筑师和游客慕名前来观赏这几根神奇的柱子，并把这个市政大厅称作"嘲笑无知的建筑"。最为人们称奇的，是这位建筑师当年刻在中央圆柱顶端的一行字："自信和真理只需要一根支柱。"

这位年轻的设计师就是克里斯托·莱伊恩，一个很陌生的名字。今天，能够找到有关他的资料实在微乎其微了，但在仅存的一点资料中，记录了他当时说过的一句话："我很自信。至少100年后，当你们面对这根柱子时，只能哑口无言，甚至瞠目结舌。我要说明的是，你们看到的不是什么奇迹，而是我对真理和科学的一点坚持。"

这个其实只有一根柱子支撑的市政大厅无疑是对无知最无情的讽刺，也是对真理执著追求的代表。年轻的设计师没有屈服，凭借着深厚的知识和经验积累作为其坚强后盾，创造了这个奇迹，或者不能说是奇迹，而仅仅是"对真理和科学的一点坚持"。

坚持自己认为正确的，追求真理，坚持原则，这正是所有成功者的执著。

有人说，"坚持真理"是一道判断题，所有答题的人，都斩钉截铁地打上一个深深的勾，都认为某个真理是正确的。后来，人们开始驻笔凝思，到底该打上什么符号。渐渐地，犹豫不决的人越来越多。因为他们不相信自己的判断，受到了更多的干扰和诱惑。最后，人们索性把它改成了选择题，为了财富、为了面子、为了前途……"坚持真理"最终成了一道选择题。

人要有所成就，就必须树立真理必胜的信念和坚持真理的勇气，不管在什么情况下都不要向错误让步。都要在实践中勇于修正自己的错误，勇敢地走在真理的路上，向着更高更远的目标前进，这才是人生的最高境界。

第五章
思想——心有多远，路就有多远

05 成功之路
   在于独辟蹊径

众人都走过的路，往往没有果子留下来，成功需要独辟蹊径，走别人未走过的路。

曾经有这样一个童话：有一天，动物们正在野外玩耍，长颈鹿突然发现远处有洪水袭来，急忙通知大家快跑，动物们吓得赶紧逃命，一阵狂奔之后，突然被前面一条大河拦住了去路，河中水流湍急，掉下去必死无疑，好在河上有两座桥，一座是宽阔的水泥大桥，足足有六个车道，一座是狭窄的独木桥，只有一根木头连接到河的对岸。动物们毫不犹豫地涌向大桥，只有一个动物没有跟它们抢，它选择了独木桥，它就是一只小羊。其他所有的动物，狮子、大象、老虎、水牛……全都往大桥上挤，纵然有六个车道也被塞得不能动弹，最终大桥不堪重负，轰然倒塌，桥上的所有动物都被河水冲走了，唯独小羊独自安全地过了河。

小羊之所以选择独木桥，并不是它有先知，预感到大桥一定会塌，而是它知道自己挤不过狮子、大象等一些庞大的动物，如果硬挤，很可能被踩踏而死。而独木桥刚好适合小羊的体重和个头，换成大象，走上去就会立刻把桥压断。

人生的成败就在于把握争与不争，善争与不善争之间的奥妙。善争者看似不争，实则独辟蹊径、暗度陈仓，寻求成功的捷径。

我们从事创新工作，既反对盲人摸象那样片面地"断章取义"，也反对"一刀切"式的人云亦云。

盲人摸象往往会造成主观、武断和片面，对全面了解事物的真实本质十分有害。人云亦云则会使工作流于庸俗，根本无创新可言。

一切的创新，都是智慧的产物。它的本质是特立独行。众口铄金是不会创出什么新意来的。英国的布莱克说："独辟蹊径才能创造出伟大的业绩，在街道上挤来挤去不会有所作为。"这句话对每个有志于创造力培养的人来说，当属肺腑之言。

任何事都不是一成不变的，用变化的眼光去把握一切，你才会获得新生！盲目跟随，那样将永远落后于人，永远呼吸不到新鲜的空气。

传说公元前233年冬天，马其顿亚历山大大帝进兵亚细亚。当他到达亚细亚的弗尼吉亚城时，听说城里有个著名的预言：几百年前，弗尼吉亚的戈迪亚

第五章
思想——心有多远，路就有多远

斯王在其牛车上系了一个复杂的绳结，并宣告谁能解开它，谁就会成为亚细亚王。自此以后，每年都有很多人来看戈迪亚斯打的结子。各国的武士和王子都来试解这个结，可总是连绳头都找不到，他们甚至不知从何处着手。

亚历山大对这个预言非常感兴趣，命人带他去看这个神秘之结。幸好，这个结尚完好地保存在朱庇特神庙里。

亚历山大仔细观察着这个结，却始终没有找到绳头。

这时，他突然想到："为什么不用自己的方式来打开这个绳结？"

于是，他拔出剑来，一剑把绳结劈成两半，这个保留了数百载的难解之结，就这样轻易地被解开了。

立刻行动，用心趋向目标，不墨守成规，遵从自己的行动规则和做事的风格，注定会取得理想成绩。

墨守成规，随波逐流就是长眠不起，就意味着智慧之泉的枯竭和创造力的苍老。另辟蹊径，独树一帜则标志着异军突起和独领风骚！

第六章
习惯——好习惯才有好人生

　　习惯是一个人长期做一件事而形成的一种不自觉的或者自发的行动。一个人思维的品质是由良好的学习习惯养成的，一个人的办事条理也是由良好的生活习惯养成的，一个人品格的好坏更是由自觉的习惯所决定的。要想拥有美好的人生，要从培养良好的习惯开始。

01 养成终生学习的好习惯

如果一个人能养成每天读10分钟书的习惯,那20年之后,他的知识程度前后将判若两人。

这是美国东部一所大学期末考试的最后一天。在教学楼的台阶上,一群即将毕业的工程学的学生拥挤在一起,正在讨论几分钟后就要开始的考试。他们的脸上充满了自信。这是他们参加毕业典礼和工作之前的最后一次测验了。他们知道,这场即将到来的测验将会很快结束,因为教授说过,他们可以带他们想带的任何书或笔记,要求只有一个,就是他们不能在测验的时候交头接耳。考试的时间到了,他们兴高采烈地冲进教室。教授把试卷分发下去,当学生们注意到只有五道评论类型的问题时,脸上的笑容更加灿烂了。

3个小时过去了,教授开始收试卷。学生们看起来不再自信了,他们的脸上是一种恐惧的表情。没有一个人说话,教授手里拿着试卷,面对着整个班级,他看着眼前那一张张焦急的面孔,然后问道:"完成五道题的有多少人?"

第六章
习惯——好习惯才有好人生

没有一只手举起来。

"完成四道题的有多少?"

仍然没有人举手。

"三道题?两道题?"

学生们开始有些不安,在座位上扭来扭去。

"那一道题呢?肯定会有人完成一道题的。"

但是整个教室仍然很沉默。教授放下试卷说:"这正是我期望得到的结果。"他说,"我只想要给你们留下一个深刻的印象,即使你们已经完成了4年的工程学习,关于这项科目仍然有很多的东西你们还不知道。这些你们不能回答的问题是与每天的普通生活实践相联系的。"

然后,他微笑着补充道:"你们都会通过这个课程,但是记住——即使你们现在已是大学毕业生了，你们的教育仍然还只是刚刚开始。"

这是一个知识大爆炸的年代，书报杂志渐渐成了现代人生活的必需品。一个没有书籍的家庭，等于是一所没有窗户的屋子。

因此，身为现代人，要养成终生读书、学习的好习惯。

常言说得好：活到老，学到老，学习是一辈子的事情，美国总统布什就是一个爱学习的人，据他本人回忆，"每当我们哥俩从外面回来，总能看到父母在书房里看书，父母的读书习惯对我们一生的影响非常大。"

哈佛大学的一位教授说："各界人士，如商业界、运输界、制造界的人士，都曾告诉我，他们最需要、最欢迎的大学生就是那些有选择书本的能力以及善用书本的人。这种选择书本、善用书本的能力最好是在家庭中养成。"

我们应该在什么时间做什么事情，没有明确的规定。所以，永远不要觉得时间晚了，天地不知晚，天地长久；日月不知晚，日月永辉。只要我们想做，那么就从现在开始，"现在"就是最恰当的时候。

迈克一家，父母子女相约每晚留出一部分时间，为读书或别的自修之用。晚饭吃完，他们共同休息及游戏。在一小时之内，或谈笑戏谑，或做各种小游戏，极尽欢娱。一小时后，轮到读书的时候了，他们各就各位，静默到连细针坠地都可听见，或阅读，或写字。即使其中有一个人觉得不舒适、不高兴、无意自修，也不去干扰他人。

对全家人来说，这的确是个好习惯。事实证明，一小时聚精会神、不被干扰的读书，其成效确要大过常被干扰、心不在焉的两三个小时的读书。

无论你多忙，总有很多光阴是虚度的、浪费的。这些虚度的光阴，假使能善加利用，也能获得重大的好处。

中国有句古话叫"士别三日，当刮目相看"。曾任哈佛大学校长的爱略特曾说："如果一个人能养成每天读10分钟书的习惯，那20年之后，他的知识程度前后将判若两人。只要他所读的都是好的书籍，也就是大众所公认的世界名著，不管是小说、诗歌、历史、传记或其他种类。"

学习是一辈子的事，什么时候开始都不晚，只要我们具备了学习的能力和对学习的快乐体验，那么每一项需要我们学习的知识都会变得丰富有趣。因此，家长要让孩子明白，学习是一辈子的事情，什么时候开始都不会晚，对一个青年来说，平时的学习和进步至关重要。这关系到未来是事业有成，还是穷困潦倒。因为一个人的知识储备愈多，才能愈丰富，生活才会愈充实。因此，我们应抓紧一切时间去学习。一个人如果拥有这样的心理准备，相信在不久的将来，他就会在社会和时代浩浩荡荡向前的浪潮中发挥自己的潜能。

02 别介意 从小事做起

伟大的人从不会在"大"与"小"的计较中消耗无谓的精力。大有大的优势,小有小的妙处。

安全刀片大王吉利,未发明刀片以前是一家瓶盖公司的推销员。他从20多岁时就开始节衣缩食,把省下来的钱全用在发明研究中。过了近20年,他仍旧一事无成。

1985年夏天,吉利到保斯顿市去出差,在返回的前一天买了火车票。第二天早晨,他起来晚了一些,于是匆忙地用刀刮胡子。这时候,旅馆的服务员匆匆地走进来喊道:"再有5分钟,火车就要开了!"吉利听到后,一紧张,不小心把嘴巴刮伤了。

吉利一边用纸擦血一边想:"如果能发明一种不容易伤皮肤的刀片,一定大受欢迎。"

于是,他埋头钻研。经过千辛万苦,吉利终于发明了现在深受欢迎的安全刀片。他也因此摇身一变成为世界安全刀片大王。

第六章
习惯——好习惯才有好人生

还有这样一个事例：

美国佛罗里达州有位穷画家，名叫律薄曼。他当时只有一点点画具，仅有的一支铅笔也是削得短短的。

有一天，律薄曼正在绘图时，橡皮擦却找不到了。费了很大劲儿才找到，铅笔又不见了。铅笔找到后，为了防止再丢，他索性将橡皮用丝线扎到铅笔的尾端。但用了一会儿，橡皮又掉了。

"真该死！"他气恼地骂着。

律薄曼为此事琢磨了好几天，终于想出一个主意：他剪下一小块薄铁片，把橡皮和铅笔绕着包了起来。果然，用一点小功夫做起来的这个玩意儿相当管用。

后来，他申请了专利，并把这项专利卖给了一家铅笔公司，从而赚得了55

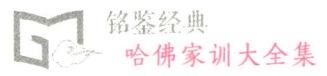

万美元。

其实，生活大多是由一件件细小的事情组成，但很多人就是不大注意这些小事，因为他们觉得这些事情太小，不屑一提，而且自己也无暇顾及这些小事。

但实际上，有些小事有时可能会改变我们的命运。一家企业在招聘人员时，故意在门口放了一把扫帚，绝大多数应聘者都对它视而不见，只有一人把它扶起放在门后，最后这个人获得了这份工作。一把小小的扫帚挡住了那么多雄心勃勃、有着凌云之志的人。

看似微不足道的小事，其实却是实现你的凌云之志的入口。重视小事吧，它会给你带来如下好处：

当其他人只知空想，而你却可以着眼于小事时，可以给人一种务实和踏实的感觉。而这样的人总是更容易受到人们的欢迎，更容易获得成功的机会。

如果你是一个企业的管理者，那么你着眼于小事的工作风格，会影响到你的员工，使他们改掉夸夸其谈的坏毛病，更加注重实际，从而发现问题，解决问题，推动组织发展。

不知道你是否注意到，在我们的生活中，有一些事情虽然很小，但却会在我们的心灵深处深深地打上烙印；而一些所谓的大事，可能在当时是轰轰烈烈，对我们的刺激很强烈，但过后却没有在我们的心灵上留下丝毫的痕迹。

这就是生活的耐人寻味之处。

其实，道理很简单，事情虽小，但它给予我们心灵的抚慰却是长远的，犹如涓涓细流，滋润着大地上的禾苗。

而更深层的道理在于，小事情反而常常能显示出一定的风格来。

有的人本来就是做大事的料，把他放在小处就太委屈他了；有的人则适合从小事做起，硬要他做大事，肯定不会有好的结果。三国时候庞统投奔刘备，刘备让他去做耒阳县令，庞统到任后100天就不做事了，他开始罢工。诸

第六章
习惯——好习惯才有好人生

葛亮出巡回来听说后告诉刘备,庞统是人才,理应重用,刘备从谏如流,破格提升他为仅次于诸葛亮的二号谋臣。庞统也果然不负众望,在新的职位上干得非常出色,为蜀国的建立做出了相当大的贡献。

这恐怕不能用"大材小用"或"小材大用"这样的话去简单地概括,其实,大与小之间本来就没有严格的界限,只不过是依照人们的主观看法去区分。

寻找一方适合自己的天空,用心灵去体验,用生命去耕耘,让人生之石敲出应有的亮丽色彩,那么,你便是伟大的。伟大的人从不会在"大"与"小"的计较中消耗无谓的精力。大有大的优势,小有小的妙处。

"大江东去"可以让人感受惊涛拍岸的气魄,"小桥流水"可以让人领略曲院风荷的神韵;"大家闺秀"有端庄典雅的雍容,"小家碧玉"有清新明丽的自然。一部《红楼梦》洋洋百万字,成为中国古典文学史上的巨著;王安石的《读孟尝君列传》全文仅92个字,同样是千古绝唱。"大"和"小"都有一种境界,都有一种极致。

大则大矣,小则小矣,唯有生活的大门永远向我们敞开,让我们穿行其中,缓缓而行,去描画和点缀自己多彩的一生。

当我们走过了人生的一段旅程,在忙忙碌碌的间隙里蓦然回首时,你就会发现,不管是"大"还是"小",都是生活中一道独特的美丽风景线。

其实,人生价值观是多种多样的,无论你选择了什么样的标准,只要你的目的是明确的,你就应该积极地去实践,从小事情做起,从自己的身边事情做起,不羡慕达官贵人,不企求一夜暴富,踏踏实实,努力向自己的目标迈进,你一样可以实现自己的价值,一样可以度过有意义的一生。

03 与别人分享荣耀

一个成功的人，应该懂得与他人分享荣誉，如果一个人独享，最终的结果是自己也享受不到。

树上飞来了一只乌鸦，嘴里衔着一大块肉，它的后头跟了一大群乌鸦。叼肉的乌鸦急促地飞落在树枝上，不停地喘息着。它生怕好不容易找到的美食

第六章
习惯——好习惯才有好人生

因一时的疏忽被其他同伴叼走。它只好停在那儿，嘴里紧紧地咬住那块得来不易的肉。由于嘴里长时间叼着东西造成呼吸困难，同时因为被同类追赶着，这只乌鸦已经没有一丝力气了，它稍不留意晃了一下，肉突然从它的嘴里失落，其他乌鸦见状，纷纷猛扑下去。在这场你争我抢的混战中，一只非常机灵敏捷的乌鸦抢到了那块肉，立刻展翅扬长而去。当然又引发一场追逐战！头一只被追得筋疲力尽的乌鸦也无力地跟着飞，但已明显地远远落在后头。结果第二只乌鸦也遭到像第一只一样的下场，弄得筋疲力尽后，也终于失去了那块肉。于是又是一场激烈的争食战，所有的乌鸦又去追赶那只幸运的……

可以想象得到，最终不会有一只乌鸦可以安安静静、舒舒服服地吃掉这块肉。乌鸦因为得到了一块肉而遭到同伴的追赶，同样，人也会因为得到奖励或提拔，而受到同事的冷遇——尽管这种反对不像乌鸦的那样直白。一个成功的人，应该懂得与他人分享荣誉，如果一个人独享，最终的结果是自己也享受不到。

独占易致纷争，分享才能共利。一位工作积极努力的人获得了年度最佳职员奖，他高高兴兴地上台领奖，可听到的却是稀稀落落的掌声。一气之下他就拒绝了头脑中刚刚出现的向其他同事道谢并请他们吃饭的想法。但第二天他就为此付出了代价——所有的同事都不再和他说笑，也不与他合作。因为同事的冷遇，他几乎静不下心来干什么了。

之所以出现这种情况，就是因为没有把荣誉与别人分享。没有人能够真心实意地对你所取得的成绩表示单纯的欣赏，因为这也是他们所想得到的。所以别介意领奖时稀稀落落的掌声，更不能拒绝与别人共享荣誉。

与别人分享荣耀，这样会让别人有受尊重的感觉。

还要注意在以后的日子里要谦卑。自我膨胀只会让你碰得头破血流。

不要独占荣誉，要立即转送出去，让那些默默无闻地帮过你的朋友或部属也分享这份荣誉。要知道，你所取得的成就并不完全是由你一个人创造出来的，即使你不想承认，但它却是一个事实，你不能否认在取得这些成就的过程中有人曾经帮助过你。当你能公开地对自己及他人承认，你并非独立完成这些成就，所以不能独享荣耀时，一种完美和谐的感觉会在你的内心和你的人际关系中逐渐浮现。如果你身边都是正直又有能力的人，而这些人又和你有相同的观念及类似的价值观，你会发觉慷慨地将功劳归于他人并不是件困难的事。

第六章
习惯——好习惯才有好人生

04 不断地尝试

随着自身能力的提高以及外部环境的变化,不断地去尝试,那么当初做不到的事情今天却可能很轻易地做到。

有个年轻人去微软公司应聘,但是该公司并没有刊登过招聘广告。见总经理疑惑不解,年轻人用不太娴熟的英语解释说,自己是碰巧路过这里,就贸然进来了。总经理感觉很新鲜,破例让他一试。面试的结果出人意料,年轻人表现糟糕。他对总经理说,自己事先没有准备,总经理以为他不过是找个托词下台阶,就随口应道:"等你准备好了再来试吧。"

一周后,年轻人再次走进微软公司的大门,这次面试他依然没有成功。但比起第一次,他的这一次表现要好得多。

而总经理给他的回答仍然同上次一样:"等你准备好了再来试。"

就这样,这个年轻人先后5次踏进微软公司的大门,最终被公司录用,成为公司的重点培养对象。

与这个年轻人有相同经历的还有一个叫克里弗德的小伙子。

瑞德公司的面试通知,像一缕阳光照亮了克里弗德焦急等待的心。面试那天,克里弗德精心地梳洗打扮了一番,又换了一条新领带,在心里默默地祝福自己好运。上午10点钟,他走进了瑞德公司人力资源部。等秘书小姐向经理通报后,克里弗德静了静心,提着手提包来到经理办公室门前,轻轻地敲了两下门。

"是克里弗德先生吗?"屋里传出问询声。

"经理先生,你好!我是克里弗德。"他慢慢地推开门。

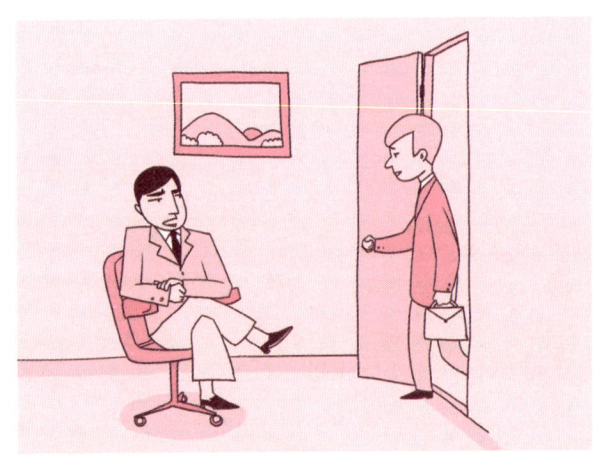

"抱歉,克里弗德先生。你能再敲一次门吗?"端坐在沙发转椅上的经理悠闲地注视着克里弗德,表情有些冷淡。

经理先生的话虽令克里弗德有些疑惑,但他并未多想,关上门,重新敲了两下,然后推门走进去。

"不,克里弗德先生,这次没有第一次好,你能再来一次吗?"经理示意他出去重来。

克里弗德重新敲门,又一次踏进房间。

"先生,这样可以吗?"

"这样说话不好——"

第六章
习惯——好习惯才有好人生

克里弗德又一次走进去："我是克里弗德，见到你很高兴，经理先生。"

"请别这样。"经理依然淡淡道，"还得再来一次。"

克里弗德又做了一次尝试："抱歉，打扰你工作了。"

"这回差不多了，如果你能再来一次会更好，你能再试一次吗？"

当克里弗德第十次退出来时，他内心的喜悦和憧憬已被怒火所代替。心想，进门打招呼哪有这么多讲究？这哪是招聘面试呀，分明是在刁难戏弄人。克里弗德生气地转身离开，可刚走几步又停了下来。心想，不行，我不能就这样逃开，即使瑞德公司不打算录用我，也得听到他们当面对我说。

于是，克里弗德深深地吸了一口气，第十一次敲响了门。这次，他得到的不是难堪，而是热烈欢迎的掌声。克里弗德没有想到，第十一次敲门，叩开的竟是一扇成功之门。原来，瑞德公司此次是打算招聘一名市场调查员。而一名优秀的市场调查员，不仅要具备学识素质，更要具备耐心和毅力等心理素质。这十一次敲门和问候，就是考查一个人心理素质的考题。

在每个人的成长过程中，都会做过无数次的尝试。有的一次就成功了，有的经过几次努力才能成功，还有的则经过了多次的努力仍没有成功。

比如，当我们想合理安排一项工作以提高工作效率时，却发现总有一些预料之外的事情打乱原本制定的工作计划。如此尝试了三次、五次，结果总是失败，最终我们放弃了努力。

在很多情况下，多次的失败会摧毁我们的自信心，于是在我们的思想中，困难成了不可逾越的障碍——就像拴住小象的那根铁链一样无法挣脱。

别给你的心灵任何负面的暗示。在通向成功的道路上，我们不可避免地会遇到很多障碍。由于自身条件的限制，有些障碍我们可能一时无法跨越，但这并不表明它是永远不可逾越的。随着自身能力的提高以及外部环境的变化，不断地去尝试，那么当初做不到的事情今天却可能很轻易地做到。所以，别放弃努力，即使失败多次也要告诉自己："我能行！"

05 把握今天

一个现在过去了,另一个现在立即来到。时间也可以说是许多个现在的整体集合。

大海边,一个渔夫张网捕鱼。突然他觉得网被什么拽了一下。他猛地把网绳一拉,网收紧了,原来是一只小海龟。

第六章
习惯——好习惯才有好人生

"虽然你很小,但是我把你拿到市场上还能卖一笔小钱呢。"渔夫说。

"我求求你放了我,千万不要把我卖了。"海龟哀求道。"放了你可以,但是你拿什么报答我呢?"

"我会给你带来一大群海龟,你把它们拿到市场上,可以卖更多的钱。此外,我还会给你一个让你受益终生的忠告。"

渔夫顿时喜上眉梢。

他马上把海龟放进了海里,海龟一蹬腿就钻入了大海,游了很远,它才把脑袋浮出水面:"你就永远等待那一大群海龟去吧,出卖同伴的事,我才不干呢!但是送给你的忠告我现在就可以说出来:现在拥有的,远比别人许诺的重要!"

在人的一生中,今天是多么重要,是你最有权力发挥或挥霍的。寄希望于明天的人,将会一事无成,到了明天,后天也就成了明天。今天你把事情推到明天,明天你就把事情推到后天。就这样日复一日地推下去,耗去了大部分的时光和精力。

时间包括3个部分,"过去"是已经逝去的时间;"未来"是尚未到来的时间;"现在"是现实的时间、存在的时间。应该说,"现在"这个部分的时间对我们来说最宝贵、最重要。因为"无限的'过去'都以'现在'为归宿,无限的'未来'都以'现在'为渊源","过去"是"现在"发展的基础,"现在"又是向"将来"发展的起点,不把握住现在,将来便无从谈起。谁放弃了现在,便为葬送将来开了先例。

现在的可贵之处在于它容易消失,转瞬即逝,不会再来。俄国文学家赫尔岑认为,时间中没有过去和将来,只有现实的现在。一个现在过去了,另一个现在立即来到。时间也可以说是许多个现在的整体集合。

抓住"现在",就要克服惰性心理,养成积极行动的习惯。由于人都有一种惰性心理,往往今天得过且过,而把要做的事都推到明天。正如俄国著名作家冈察洛夫笔下的奥勃洛摩夫,虽有宏大志向,却整天躺在床上空想,不见行动,仅此而已。

"突然产生一些思想像大海里的波浪在他的头脑中起伏奔腾,随后发展成为一种企图,使他激动的血液沸腾,血脉喷张,于是企图又变成志向;他受到精神力量的激动,一分钟内迅速地改变了两三次姿态……"可是,"早晨一闪而逝,白昼已经转向黄昏,奥勃洛摩夫疲劳的精力也随之转向平静……""他这样地目送日落有多少回了啊!"就这样,他躺在床上,什么也没有干成。

古往今来,立志者芸芸,遂志者寥寥,能否把握今天可能是其中一个主要的原因。

把握今天,就要有紧迫感,必须立足于抓分秒。对于时间,人们只能从今天去掌握它。现实的一分钟,是比想象中的十年更长的一段时间,古今中外一切事业上有成就的人,都是积秒建功,积秒创业的人。

人都有软弱的一面,抱着"今天实在太累、太苦、太疲倦了,明天再做吧"这种想法的人很多。把事情拖延到明天,这是不行的,因为可能明天也是做不到的,而且明天还有明天的事,所以这样累积下来的事情就会越来越多了。

富兰克林说:"把握今日等于拥有两倍的明日。"今天该做的事拖延到明天,然而明天也无法做好的人占了大约一半以上。应该今日事今日毕,否则,可能无法做成大事,也不太可能成功。所以应该经常抱着"必须把握住今日,一点儿也不可懒惰"的想法去努力才行。歌德说:"把握住现在的瞬间,把你想要完成的事物或理想从现在开始做起。只有勇敢的人身上才会赋有天才、能力和魅力。因此,只要做下去就好,在做的历程当中,你的心态就会越来越成熟;能够有开始的话,那么,不久之后,你的工作就可以顺利完成了。"

第六章
习惯——好习惯才有好人生

"明天"是勤劳的最危险的敌人,任何时候都不要把今天该做的事搁置到明天。应当从小养成习惯,今天的事今天做完。这将是一种美好的内在动力,它对整个明天都有启示作用。任何时候都不要把计划在今天做的事放在明天。

06 逃避责罚的习惯
　　是成功的绊脚石

有时，一个人表面上装出不屑一顾的样子，实则是因为骨子里的懦弱，没有面对挑战的勇气，没有承担责任的真诚。

谁都不希望犯错误，谁也不希望自己的孩子犯错误，但犯错误几乎是每个人不可避免的，关键是犯了错误之后要教会孩子怎么去应对和解决。

那年冯兰刚从大学毕业，分配在一个离家较远的公司上班。每天清晨7时，公司的专车会准时等候在一个地方接送她和她的同事们。

一个骤然寒冷的清晨，她关闭了闹钟尖锐的铃声后，又稍微赖了一会儿暖被窝——像在学校的时候一样。她尽可能最大限度地拖延一些时间，用来怀念以往不必为生活奔波的悠闲日子。那一个清晨，她比平时晚起了5分钟，可就是这区区的5分钟却让她付出了代价。

当她匆忙奔到专车等候的地点时，已经7点过5分，班车开走了。站在空荡荡的马路边，她茫然若失，一种无助和受挫的感觉第一次向她袭来。

就在她懊悔沮丧的时候，突然看到了公司的那辆蓝色轿车停在不远处的

第六章
习惯——好习惯才有好人生

一幢大楼前。她想起了同事曾告诉过她那是老板的车,她想真是天无绝人之路。她向那车走去,在稍稍犹豫后打开后车门悄悄地坐了进去,并暗自为自己的聪明而得意。

为老板开车的是一位慈祥温和的老司机,他从反光镜里已看她多时了,这时,他转过头来对她说:"你不应该坐这车。"

"可是我的运气真好。"她如释重负地说。

这时,她的老板拿着公文包飞快地走来。等老板在位置上坐定后,她才告诉他说:"班车开走了,我想搭您的车子。"她以为这一切合情合理,因此说话的语气充满了轻松随意。

老板愣了一下,但很快坚决地说:"不行,你没有资格坐这车。"然后用非常严厉的语气命令:"请你下去!"她一下子愣住了——这不仅是因为从小到大她从未听过如此严厉的语气,而且她从没有想过坐这车是需要一种身份的。当时就凭这两条,以她过去的个性,定会重重地关上车门,而后拂袖而去。可是那一刻,她想起了迟到对她意味着什么,而且她对自己的这份工作非常珍惜。于是,一向聪明伶俐但缺乏生活经验的她,变得从来没有过的软弱,她用近乎乞求的语气对老板说:"我会迟到的。"

"迟到是你自己的事。"老板冷淡的语气没有一丝一毫的回旋余地。

她把求助的目光投向司机,可是老司机看着前方一言不发。委屈的泪水在她的眼眶里打转,然后,她在绝望之余,为他们的不近人情,固执地与他们陷入了沉默的对抗。

他们在车上僵持了一会儿。最后,出乎她的意料,她的老板打开车门走了出去。坐在车后座的她,目瞪口呆地看着有些年迈的上司拿着公文包大步地向前走去。他在凛冽的寒风中拦下了一辆出租车,飞驰而去。泪水终于顺着她的脸颊流淌下来。

老司机轻轻地叹了一口气:"他就是这样一个严格的人。时间长了,你就会了解他了。他其实也是为你好。"老司机给她说了自己的故事。他说他也迟到过,那还是在公司创业阶段,"那天他一分钟也没有等我,也没有听我的解释。从那以后,我再也没有迟到过。"他说。

她默默地记下了老司机的话,悄悄地拭去泪水,打开车门下了车。那天当她走出出租车,踏进公司大门的时候,上班的钟点正好敲响。她悄悄而有力地将自己的双手紧握在一起,心里第一次为自己充满了无法言语的感动,还有骄傲。

从这一天开始,她觉得自己长大了。

每个人都会犯错,孩子的成长是一个不断犯错的过程。父母要培养孩子认识错误、勇于接受惩罚的习惯,让孩子用自己的眼光去看,用自己的头脑去想错在哪里以及为什么错了。错误并不可怕,怕就怕错了还拒不认错。

逃避是一种消极的做法,是一种懦弱的表现。在成功的道路上,逃避就是一块绊脚石。有时,一个人表面上装出不屑一顾的样子,实则是因为骨子里的懦弱,没有面对挑战的勇气,没有承担责任的真诚。

喜欢听赞美是每个人的天性。忠言逆耳,当有人对着自己狠狠数落一番时,不管那些批评如何正确,大多数人都会感到不舒服,有些人更会拂袖而

第六章
习惯——好习惯才有好人生

去,连表面的礼貌也不会做,常常令提意见的人尴尬万分。下一次就算你犯更大的错误,相信也没有人敢劝告你了,其实这也是你做人的一大损失。一个人的成功,需要具备的要素中有一条很重要,就是勇敢无畏。

如果做了错事还加以掩盖,还挖空心思躲避责罚,这就是更大的错误,人们愿意谅解一个做了错事的人,但绝不原谅一个掩饰错误的人。因为做错事可能是无意的,但回避责罚一定是有意的。敢于忏悔和认错的人是永远值得尊敬的。作为家长,要多给孩子"吃一小堑,长一大智"的机会,使其今后在人生的道路上沿着正确的坐标更好地前进。

07 别在无关紧要的人和事上浪费精力

无论在工作还是生活中如果纠缠在无关紧要的人与事上，久而久之，就会逐渐陷入平庸之中，碌碌无为。

威廉·詹姆斯说过："明智的艺术就是清醒地知道该忽略什么的艺术。"不要被不重要的人和事过多打搅，因为成功的秘诀就是抓住目标不放，永远去做重要的事，而不是把时间浪费在无谓的琐事上。

有一则寓言：

一天，一只老鼠向狮子挑战，要同狮子决一雌雄。狮子果断地拒绝了。"怎么？"老鼠说，"你害怕了？"

"非常害怕。"狮子说，"如果答应你，你就可以得到曾与狮子比武的殊荣，而我呢，以后所有的动物都会耻笑我竟和老鼠打架。"

这则寓言启示我们：你如果与一个不是同一重量级的人争执不休，只会浪费自己的资源，降低人们对你的期望，并无意中提升了对方的层面。同样的，一个人对琐事的兴趣越大，对大事的兴趣就会减少，而非做不可的事越

第六章
习惯——好习惯才有好人生

少，遭遇到真正的问题越少，就会越关心琐事。

无论在工作还是生活中，很多人喜欢纠缠在无关紧要的人与事上，久而久之，就会逐渐陷入平庸之中，碌碌无为。

年轻人之所以更容易被一些无关紧要的事迷住眼睛，是因为以下三个原因：第一，不懂得按照事情的轻重缓急安排和行事。

根据事情轻重缓急的程度，我们可以将其划分为四大类。第一类是既重要又紧急的事情，如突发性的重要文件、危机、期限逼近的任务等。这当然是你需要停下手头的所有事情马上解决的，但实际上这样的工作并不是很多。第二类是重要而不紧急的事，如跟客户建立关系、制定计划、"充电"学习等。这一类的事情是工作的核心。如果你认为这些事情虽然很重要，可因为不是迫在眉睫而迟迟不做，那么这类事情就会越积越多。甚至其中的一大部分事件还会转移成第一类事情，成为既重要又紧急的事情。第三类是不重要但紧急的事情，如临时接听的电话、插入的报告、需要签署的文件等。你如果把这些事情当作工作重点，就会被这些琐事缠绕，分散你的精力，但这些工作也不能不做，问题的关键在于精力的分配，只有把精力集中到实质性的工作上，才能真正推进工作的进展。第四类事情专指那些不重要也不紧要的事情，如和重要事

145

情发生冲突的聚会、某些电话、邮件等。如果把时间浪费在这些事情上，就是在浪费时间，卓有成就的人都会努力避开第三、第四类事情，他们还会尽量缩小第一类事情的工作量，把较多的时间用在第二类事情上，认为只有第二类工作才是最容易出成果的，而且可操作性更强，更容易控制。

第二，不会制定工作规划。

工作规划可分为长期规划、短期规划和每日规划。长期规划指超过一个星期、三个月内必须完成的事。短期规划以周为单位，列出未来一周要完成的工作，以及完成这些工作的行动细节。每日规划是工作规划的最高境界。把每天要做的工作列成一份清单，排定其优先顺序，每完成一样，就把它从工作清单上划掉，如果发生临时状况，要评估其重要性，再依序处理。每一天工作结束，检查一下完成了哪些事，还有哪些尚未处理，再依据其重要性，排入明天的计划中。这样，更有利于你将注意力集中在那些重要的事情上，并努力完成它，从而防止自己沉溺于毫无意义的琐事之中。

第三，缺乏主动性和积极进取的精神。

很多人在面对重要的事情时，往往会产生畏难情绪，这样就会不自觉地逃避和拖延。还有些人企图去做那些无关紧要的轻松而容易做的事情，还把自己搞成一副忙碌的样子，来逃避心灵上的自我谴责。

我们应该对照以上几个方面，对自己进行自我检查，不论你是否已经染上喜欢在无关紧要的人与事上浪费精力的恶习，都应该努力按照下面几点去做：

第一，排定优先顺序，永远先去做重要的事。

在排定优先顺序之前，你必须先确定自己的核心价值，也就是说，在工作中，哪些事对你而言是最重要的，在这些重要事件中，你把哪一件摆在第一位，只有确定了自己的核心价值后，才能合理有效地排定你日常工作的优先顺序。排定了优先顺序，你就可以集中精力去做重要的事，这样被无关紧要的事情蛊惑的可能性就大大减少了。

第二，正确处理突如其来的干扰。

对于突然插进来的无关紧要的电话、文件等，你要敢于说"NO"，或者暂时放到一边，以后再选择一个合适的时间处理。如果是属于你责任范围内的和你有切身关系的必要的干扰，你就应该立即处理一下，除非时机不对。

第三，专事专办。

做一些重要的事时，你应专门设立一个时间段，这个时间段内你的精神是一天中最好的，精力是一天中最充沛的。在这个时间段内，要尽量避免遭受干扰，以便发挥最佳工作技能。

第四，每做完一件重要的事情，要奖励自己一次。

比如，给自己买一件纪念品，或者吃一顿好饭，达到激励自己的目的。这会增强你的自信心和工作的主动性，培养做重要事情的习惯。按照上面几点去做，即使你是一个容易被无关紧要的事情纠缠的人，也会慢慢改掉不良习惯，敢于正视困难，主动去做重要的事。你只有不在无关紧要的人或事上浪费精力，才会把精力投入到做重要的事情上。请记住：你是一只狮子，别理睬老鼠。

08 抓住机遇
　　而不是等待机遇

很多时候成功和失败就在一瞬间,当机遇从你身边走过时你没有抓住它,那你就永远失去了它。

某地发生一次空前水灾,整个村庄都难逃厄运。在所有村民纷纷逃生之际,一位上帝的虔诚信徒爬到屋顶上,他在等待上帝来拯救。

很快,大水淹没了村庄,浸过了屋顶,这时恰好有一只木舟经过。船上的人要他一起逃生。这位信徒却胸有成竹地说:"不用了,上帝会来救我的!"木舟上的人说不动他,就离去了。

片刻之后,洪水已没过了他的膝盖。刚巧,有一艘搭救遇险者的汽艇经过,人们让他乘汽艇一起离开,这位信徒说:"不必了,上帝会来救我的。"汽艇只好到别处进行拯救工作。

洪水依旧猛涨,半刻钟之后,已涨到信徒的胸部。此时,有一架救援的直升机放下软梯来拯救他。他仍然不肯上飞机,说:"别为我担心,上帝会来救我的!"直升机也只好离开。

第六章
习惯——好习惯才有好人生

最后，水继续高涨，这位信徒最后被淹死了。

死后，他来到天堂，遇见了上帝，他质问上帝："平日我诚心膜拜您，向您祈祷，您却见死不救，您算什么上帝？算我瞎了眼啦。"

上帝生气地回答道："你还要我怎么样？我已经给你派去了木舟、汽艇，甚至连我的直升机也派去了！"

若把希望寄托在以后，就会失去眼前的机遇。俗话说："天上掉馅饼你也得张张嘴巴。"很多时候成功和失败就在一瞬间，当机遇从你身边走过时你没有抓住它，那你就永远失去了它。成功的唯一捷径就是抓住机遇。与其对未来抱有幻想，不如抓住现有的机遇。

有句谚语说："机遇就像时间老人的头发，只有前面的一缕，并且极难被抓住。"这是在告诉我们，要想抓住机遇，必须有充分的准备，否则只能痴人说梦。

你见过打碎的东西吗？可能所有人的答案都是肯定的。然而你可曾听说过"碎花瓶理论"？你知道这一理论是如何发现的吗？

"碎花瓶理论"是丹麦物理学家雅各布·博尔发现的。然而这个伟大的理论并不是靠什么上天赐予的特殊机遇发现的，也不是通过在实验室里做什么

特殊的实验研究发现的。

一天中午,正在书房找书的雅各布·博尔不小心打碎了书架上的一个花瓶,就在雅各布·博尔低头凝视地下的碎片时,他突然想到:这些碎片之间会不会有什么规律?于是他小心翼翼地拣起满地的碎片,然后把它们放在桌子上,再按大小分成三类,并分别称出重量。雅各布·博尔发现:这些碎片中以0.1~1克和0.1克以下的最多,1~10克的其次,10~100克的最少;而让雅各布·博尔激动的是:这些碎片的重量之间表现为统一的倍数关系。即:较大块的重量是次大块重量的16倍,小块的重量是小碎片重量的16倍……于是雅各布·博尔将这个发现进行了理论研究,命名为"碎花瓶理论"。

后来他的这个理论被应用于实践,取得了神奇的效果。"碎花瓶理论"可以用来恢复文物、陨石等不知其原貌的物体,为考古学和天体研究带来了极大的方便。

每个人都渴望成功,也都在等待机遇的降临,然而机遇是个神奇的东西,在我们抱怨没有机遇的时候,机遇很有可能就在我们身边。机遇就是主动者成功的火种,而被动者或许就只能望着错过的机遇叹息。

其实,人的一生机会很多,但最重要的却是今天的机遇,我们不一定是智者,没有本事创造机遇,但我们应该做生活的强者,善于抓住眼前的机遇。

愚者总是说"只要给我一次机会,我一定会成功",但幸运之神好像并不青睐他们,有的人等了好几年,也没有获得一次成功的机会;智者从不相信运气,他们只相信机遇是人创造的,从来没有什么救世主会帮助自己,所以总是积极地做好准备,创造条件,一旦时机成熟,便脱颖而出,走向成功。

世界酒店大王康纳·希尔顿,早年追随掘金热潮到丹麦掘金,他并不是一个幸运儿,没有掘出一块金子,可他却得到了上天的另一种眷顾。当他失望地准备回家时,他发现了一个比黄金还要珍贵的商机,并迅速地抓住了它。当别人都忙于掘金时他却忙于建旅店,很快他便成为一个有钱人,而这也为他日

第六章
习惯——好习惯才有好人生

后在酒店业的成功奠定了基础。

同样，人人皆知的中国首富李嘉诚的成功也是在于对时机的把握。20世纪60、70年代香港土地并没有像现在这样的"寸土必争"。但就是在那样的环境下，李嘉诚把握住了商机，在自己并不富裕的情况下借巨款购买了大量的地皮。这一举动的确需要很大的勇气和智慧，也正是这常人想都不敢想的投资使他发家创业，成为亚洲地产大亨。

翻开人类奋斗的史册，我们可以看到，有的人因为抓住了机遇或创造了机遇而"柳暗花明又一村"，摘取成功的桂冠；有的人因为与机遇擦肩而过，还在"山重水复疑无路"，甚至为错过机遇抱憾终生。

机遇从来不是偶然得来的，而是在一步一步地追求中全力以赴捕捉到的。你捕捉到它并充分利用，就会使你的事业如日中天，势不可挡。成功有成功的道理，失败有失败的原因，能不能突破这里的重重困难，就看我们怎样去看待和运用那转瞬即逝的机遇。对待机遇，有人停滞不前，有人呆若木鸡，有人却独具慧眼，紧抓不放。

一个人要想成功，固然离不开聪明的头脑和不懈的努力，但是，果断地把握时机也非常重要。许多人感叹那些遇到好机会的人太走运了，但正如居里夫人所说："强者创造时机，弱者等待时机。"有的人才华过人，有的人勤奋肯干，可总与成功无缘，他们欠缺的只是机遇。而成功者之所以成功，就是因为抓住了机遇。

成功的机会对每个人来说都是均等的，但是它不会主动地降临到任何人的头上，它需要你去勤奋争取，努力把握。在我们羡慕智者获得成功的时候，更要从他们身上吸取经验。机遇从来不会光顾只会等待的愚者，机遇喜欢和有准备、有头脑、善于创造的智者握手。

09 拖延的习惯
　　让你远离成功

天下最可悲的一句话就是：我当时真应该那么做，但我却没有那么做。

迈克是伦敦一家公司的一名普通的小职员，同事们都叫他"奔跑的鸭子"。因为他总像一只笨拙的鸭子一样在办公室飞来飞去，即使是职位比迈克还低的人，都可以支使迈克去办事。

后来迈克被调入销售部。有一次，公司下达了一项任务：本年度必须完成500万美元的销售额。

销售部经理认为这个目标是不可能实现的。私下里他开始怨天尤人，并认为老板是强人所难，为了使公司降低年度销售指标，有意将与之相关的工作计划一拖再拖。

只有迈克一个人在拼命地工作。到离年终还有1个月的时候，迈克已经全部完成了他自己的销售额，而其他人只完成了目标的50%。

销售部经理主动提出了辞职，迈克被任命为新的销售部经理。"奔跑的鸭子"迈克一上任便开始忘我地工作。他的行为感动了其他人，在这年的最后

第六章
习惯——好习惯才有好人生

一天，他们竟然完成了剩下的50％的销售额。

不久，该公司被另一家公司收购。当新公司的董事长第一天来上班时，他亲自点名任命迈克为这家公司的总经理。

因为在双方商谈收购的过程中。这位董事长多次光临公司，这位"奔跑的鸭子"迈克给他留下了深刻的印象。"如果你能让自己跑起来，总有一天你会学会飞。"这是迈克传授给他的新下属的一句座右铭。

天下最可悲的一句话就是：我当时真应该那么做，但我却没有那么做。经常会听到有人说："如果我当年就开始那笔生意，早就发财了！"一个好创意胎死腹中，真的会叫人叹息不已，永远不能忘怀。如果真的彻底施行，当然就有可能带来无限的满足。

每个人在一生中，总有各种各样的憧憬、理想和计划，然而我们往往是有憧憬不能抓住，有理想不能实现，有计划不去执行，最后，坐视憧憬、理想、计划的幻灭和消逝。究其原因是很多人有一种拖延的习惯，凡是应该立即去做的事，总是要拖延，想留待将来再做，因此最终一事无成。

然而，总是有很多人有憧憬而不去抓住，有理想而不夫实现，有计划而不去执行，最终使各种憧憬、理想、计划破灭。

记住：切实实施你的创意，以便发挥它的价值。不管创意有多好，除非真正身体力行，否则，永远没有收获。

美国哈佛大学人才学家哈里克说："世上有93％的人都因拖延的陋习而一事无成，这是因为拖延能杀伤人的积极性。一日有一日的理想和决断，今日有今日的事，明日又有明日的事，放着今日的事情不做，非要留到以后，却不知在拖延中所耗去的时间和精力，足以把今日事做好。"

命运常常是奇特的，机会往往稍纵即逝，犹如昙花一现，如果当时不善于抓住并利用，错过之后就后悔莫及。采取主动，才能抓住自己的机会。缜密思虑策划的行动，是没有任何东西可以取代的。你可以用各种方法，证明给全世界你有多么优秀，但前提是必须付诸行动。要让别人知道你的成就，你应该先付诸行动，让人从行动中认清你的成就。

不要等待"时来运转"，也不要由于等不到而觉得恼火和委屈，要从小事做起，要用行动争取胜利。

记住：立即行动！

立即行动！可以应用在人生每一个阶段的各个方面，帮助你做自己应该做却不想做的事情，改掉拖延的恶习，抓住稍纵即逝的宝贵时机，实现梦想。因为成功的人总是那些对待任何事情都充满热情并迎头去做的人。

第七章
勇气——走在泥泞的路上，才能留下脚印

无论你有怎样的梦想，为使梦想成真，你必须克服恐惧，勇往直前。成就大事需要勇气，需要胆量，以及在无把握的情况下追求目标的决心。有勇气，你什么都能做到；没有勇气，其他任何品质都帮不了你。

01 泥泞的路上才会留下脚印

在人生的道路上，失败是每个人都必须经历的生命过程，是人生最宝贵的精神财富之一。

人与人先天就存在着差异，这是不可回避的事实。人的成长、成熟是一个漫长的较量，能否取得最后的胜利，不在于一时的成功，而在于持续地进步和积累。能够经受住更多风吹雨打磨炼的人，他的翅膀才会更有力，才会飞得更高、更远。

美国百货大王梅西年轻时开了一间小杂货铺，卖些针线。但是不幸的是，铺子开张没多久就倒闭了。一年后，他又开了一家小杂货铺，仍以失败告终。在淘金热席卷美国时，梅西在加利福尼亚开了个小饭馆，专为淘金者提供饮食住宿服务。本以为这样的生意一定会赚钱，谁知多数淘金者一无所获，什么也买不起，因此，小铺不得不再次关门。经过数次失败后，梅西再次重返马萨诸塞州，他满怀信心地干起了布匹服装生意。可这一次，他败得更惨，不仅倒闭，而且欠下了债务。

第七章
勇气——走在泥泞的路上，才能留下脚印

沉重的打击并没有彻底击垮梅西，反而更加磨砺出一颗坚强的心。这一次，他跑去新英格兰做布匹服装生意，老天对每一个人都是公平的，这一回他时来运转，买卖做得很顺利，现在位于曼哈顿中心地区的梅西公司已经成为世界上最大的百货商店之一。

鉴真和尚刚剃度皈依时，住持让他做了寺里谁也不愿意做的行脚僧。一天，日已三竿，鉴真依旧大睡不起。住持很奇怪，叫醒鉴真问其原因。鉴真说："穿破一堆芒鞋，就能做一个能光大佛法的名僧吗？我还是为庙里节省些芒鞋吧！"住持一听，明白了，说："你随我到寺前的路上走走吧。"寺前是黄土坡，昨天夜里下了一场大雨，路面泥泞不堪。艰难走过之后，住持问："你能找到你刚才留下的脚印吗？"鉴真说："当然。"住持捻须一笑："你能否找到你昨天从这条路上走过的脚印？"鉴真十分不解地说："昨天没下

雨,这路又坦又硬,小僧哪能留下脚印?"住持听了,拍着鉴真的肩说:"泥泞的路才能留下脚印!"

"失败乃成功之母。"一个人的成长历程如果一直顺风顺水,从未经历过失败痛苦的磨砺,那么,前方等待他的也许会有更大的失败。古今中外的伟大人物无一不是从无数次的失败中走向成功的,如司马迁、爱迪生、居里夫人等,这样的例子俯拾皆是,不胜枚举。的确,在人生的道路上,失败是每个人都必须经历的生命过程,是人生最宝贵的精神财富之一。别林斯基认为,不幸是一所最好的大学。培根更认为,奇迹多在厄运中出现。

人的一生会遇到多少失败,这是我们无法预算的,所以要培养孩子乐观向上的精神,教会孩子怎样去面对失败、面对失败的方法。失败给人的心理带来的打击是无法估量的,很多人就是因为一次小小的失败就放弃了。孩子小的时候面对失败的心理状态会影响到他长大成人后的态度。

有的孩子在遭遇了失败之后就一蹶不振,对任何事情都失去了信心,也没有胆量再去尝试一下。这时,要鼓励孩子不要害怕失败,在失败面前要坚持自己的信念,不逃避,不退缩,勇敢面对,承受一切的艰辛和失败,勇敢面对现实的残酷,努力战胜困难。

曾经有两个姐妹在自家的玫瑰园里玩耍,姐姐非常快乐地采摘玫瑰花,而妹妹却畏畏缩缩,不敢伸手去摘。一旁的父亲问妹妹:"你为什么不摘呢?"妹妹说:"花下有刺呀!"父亲转而问姐姐:"花下有刺,你怎么敢摘呢?"姐姐回答:"虽然有刺,但是刺上的花很漂亮啊!"

别害怕困难,别恐惧失败,勇敢地去做吧!因为人类文明前进的每一步都是经历许多失败的打击后才取得进展的,不累积小小的失败,无以成就大的功业。牛顿说:"假如我能比别人看得远些,那是因为我站在巨人的肩膀上。"这巨人的肩膀何尝不是巨人们一次次的失败呢?

老子说:"祸兮,福之所倚;福兮,祸之所伏。"美国IBM公司的创始

第七章
勇气——走在泥泞的路上，才能留下脚印

人——汤姆·沃森的一位崇拜者曾经问他怎样才能获得成功，当时沃森回答："如果想成功，首先应该经历失败。"其意思是说，失败不应被看作一切的终结，相反，它是成功的前提。

磕磕碰碰的人生中我们才可以慢慢长大，泥泞之后，磨难过后，我们才可以渐渐地坚强。没有汗水，没有艰难行走的旅途是乏味和无意义的，没有经过失败的人生，留下的只会是一片空白。

02 敢于冒险才有可能成功

敢于冒险,是成功人士的基本素质。只有敢于冒险,才有成功的可能。

在复杂多变的社会,未来的形势经常是不可预测的,过于小心谨慎,就会让我们停滞不前,从这一点出发,为了孩子的将来,父母有必要让孩子培养敢于冒险的能力。

一次,有人问一个农夫是不是在自己的土地上种了麦子。农夫回答:"没有,我担心天不下雨。"那个人又问:"那你种棉花了吗?"农夫说:"没有,我担心虫子吃了棉花。"于是那个人又问:"那你种了什么?"农夫说:"什么也没种,我要确保安全。"

在日常生活中,有很多人也像这个农夫一样,不愿冒任何风险,什么也不做,最终什么也得不到。不愿冒任何风险而在人生的竞技场上弃权,纵然逃避了痛苦和悲伤,但也失去了学习、改变、感受、成长和生活的机会。

比尔·盖茨说:"所谓机会,就是去尝试新的、没做过的事。可惜在微软神话下,许多人要做的,仅仅是去重复微软的一切。这些不敢创新、不敢冒

第七章
勇气——走在泥泞的路上，才能留下脚印

险的人，要不了多久就会丧失竞争力，又哪来成功的机会呢？"敢于冒险，是成功人士的基本素质。只有敢于冒险，才有成功的可能。

不冒任何风险就丧失了自由。他们不敢哭，因为别人可能会讥笑自己怯懦；不敢笑，因为别人可能会说自己愚蠢；不敢爱，因为怕不被爱；不敢希望，因为怕失望；不敢尝试，因为怕失败……

人生本身就是一场冒险。那些希望一生宁静、平安的人不敢冒险，也不会冒险，这样的人永远也不会品尝到成功的喜悦。要想真正有所成就，就必须有勇气，敢于冒风险。只要稍加观察你就会发现，那些成功人士之所以成功，就是因为他们有勇气，敢想敢为。冒险与收获常常是结伴而行的。哥伦布不航海探险，就不会发现新大陆；达尔文不亲身探险，收集资料，就不会完成巨著《进化论》。如果总是希望成功又怕风险，那么，成功将会从身边一次次地溜走，所以，作为父母，应从小就培养孩子的冒险精神，要勇敢地去面对生活中的一切风险。

世上很少有人有勇气主动承担风险。更多的人都太过聪明，对时机后面的不利因素看得一清二楚，没有勇气去冒险。结果聪明反被聪明误，这些人永远只有保持"糊口"状态而已。其实，风险并不可怕。相反，风险越大，成功的概率就越大，关键看你有没有勇气和智慧去把握。

当然，敢于冒险并不是赌博，也不是碰运气。真正的勇气是积极主动地进取，是一种魄力，更是取得成功的关键。勇气还需要与理智、谨慎以及智慧结合起来，才能从风险中获益，才能真正实现自己人生的最大价值。

03 如果你失去了勇气，你就失掉了一切

只要再坚持一会儿就可以活下来，可他怕朋友不能再回来了，他没有勇气独自去面对，因此他放弃了活着走出沙漠的机会。

勇气往往决定事情的成败，父母要时常对孩子说："你很棒！"这是在鼓励他，让他有勇气去做一切他想做的事。孩子成长过程中总是会遭遇无数挫折，意外伤害等在日常生活中也是不可避免的，越是这样，越是要教育孩子勇敢地去面对。

曾有这样一个故事：有两个人一起穿越茫茫的戈壁滩，他们带的食物和水都用完了，又饿又渴，其中一个还生病了，行动特别艰难。没有食物还能坚持几天，但如果再找不到水，他们就很难坚持走出这片荒漠。

这时，那个健康的伙伴从口袋里掏出一把手枪和五发子弹给了他的同伴，并对他说："我现在要去找水，有了水我们就好办了，要不然非渴死在这荒漠里。你在这里等着，千万不要离开，每间隔两个小时你就打一枪，枪声会指引我，这样我就会找到正确的方向，然后与你会合，要不然我就会与你走

第七章
勇气——走在泥泞的路上，才能留下脚印

散。如果你打完所有子弹的两个小时以后，我依旧没有回来的话，那就不要再等我，你一个人要想办法坚持走出去。"另一个人点了点头。

找水的人离去了，留下的那个人满怀疑虑地躺在沙漠里等待。他按照伙伴说的话做了，每隔两小时他就打一次枪。时间在焦急的等待中一点点过去，已经打过四次枪了，每打一次他的忧虑就加深一重。只剩下最后一发子弹了，找水的人却依然没有回来。他开始担心，一会担心那同伴可能找水失败、中途渴死了。一会儿又担心同伴找到水，弃他而去，不再回来。

他越想就越害怕，越怕就越胡思乱想。在紧张的等待中又过了两个小时，留下的这个人彻底绝望了。伙伴肯定早已听不见我的枪声，等到这颗子弹用过之后，我一个病人还有什么好办法呢？只能死在荒漠里，而且，在一息尚存之际，兀鹰会啄瞎我的眼睛，那是多么痛苦的事啊！还不如……又过了一刻钟，依旧不见找水的伙伴回来，孤独与死亡的恐惧占领了他的内心，他终于忍不住了，他举起了枪，枪声响了，枪口对的是自己的头颅！他用第五颗子弹打死了自己。

枪声响过后不久，那位找水的人，那提着满壶清水的同伴领着一队骆驼商旅循声而至，但是，出现在他们眼前的只是一具尸体。其实这个人只要再坚

持一会儿就可以活下来，可他怕朋友不能再回来了，他没有勇气独自去面对，因此他放弃了活着走出沙漠的机会。

一个人的勇气才是他最强大的武器。真正的勇敢是不管遇到什么困难和危险，都要有应对的能力和勇气，冷静地去解决问题。人的一生要面临很多的困难和挑战，当我们面临这些情况时，不仅需要谋略，最重要的是具有足够大的勇气，只要有非凡的勇气就可以轻松地去面对人生的困难与危险。

歌德说过："你如果失去了财产——你只失去了一点；你如果失去了荣誉——你将失去许多；你如果失去了勇气——你就把一切都失掉了！"勇气是战胜一切困难的动力，胆小懦弱是会被人欺负的，勇敢和坚韧的人才会得到他人的尊重。

勇气是可以培养的。孩子从小接受的教育决定着他是否能成为一个勇敢的人，因而，在孩子的成长过程中，父母要引导孩子去发展其内心最勇敢的一面，尽量把懦弱一面的影响降到最低。

第七章
勇气——走在泥泞的路上，才能留下脚印

04 勇于承担责任
　你会越来越强大

你成功的惯性就孕育在你自己的生命中，你的成功就取决于自我主动的进取心和自我负责的心态。

一位科学家用小白鼠做实验，来研究人类潜在的生命力。

每天一大早，他就从笼子里抓出那只小白鼠，扔进一个盛有水的玻璃水

池中，扔进的同时开始计时。

科学家在玻璃池旁观察小白鼠在水中挣扎的情况，直到那只小白鼠无力挣扎，快要溺死的时候，科学家才把它捞出来，放回笼中。当然，科学家没忘记计算时间。

这样的实验进行了一个星期。一个星期的记录显示：小白鼠挣扎的时间日渐增加。

有一天早晨，科学家又继续他的实验，把小白鼠丢进水池。

不久，电话铃声响了，科学家转身去接电话。那是他女友打来的电话，情话绵绵，那位科学家忘记了池中的小白鼠。

当他记起时，回头看到那只小白鼠已经浮在水面上了。

小白鼠为什么会死去呢？

原来，每次科学家将它丢进池中，过不了多久，便会将他抓上来。持续了几天，那只小白鼠便告诉自己：何必这么辛苦挣扎呢，最终会有一只手捞我上去的！就因为这个观念，它不去发挥其潜能在水中挣扎求生了，最终被淹死了。

正是依赖的惰性，使小白鼠丢了性命。每个人都有着聪明的头脑和勤劳的双手，为什么不扔掉手里的拐杖，真正靠自己去打造一片天地呢？当其他人正忙着尽量逃避过多的劳动时，一群年轻人却主动追求这种磨炼，这就是对自己的负责。

作为一个年轻人，不要埋怨自己的命运不佳，而是要珍视生命和自己的未来，并牢记：你的出路就在你自己的身上。如果以为出路是在别处或别人身上，那么你是注定要失败的。你成功的惯性就孕育在你自己的生命中，你的成功就取决于自我主动的进取心和自我负责的心态。

丘吉尔说过："高尚、伟大的代价就是责任。"责任心是孩子健全人格的基础。所谓责任心，就是人们对所做的事情所抱有的认真负责的态度，因

第七章
勇气——走在泥泞的路上，才能留下脚印

此，责任是一种自发的精神。责任心会使一个人变得坚强。面对诱惑，他能恪守原则；面对挑战，他会奋力拼搏。他知道这是他的责任，他不能逃脱，必须积极地去对待而不是消极躲避。

没有责任，就没有压力；没有压力，就没有动力。我们每个人都明白，只要我们认为那件事很重要，是你的责任，你就会调动全身的力量去干好这件事，千方百计地争取收获最好的结果。

那些负重的人大多都遇事坚定，是沉重的责任感让他们的人生脚步更加坚稳。而那些不愿意承担责任的人，遇事就很容易失去分寸，乱成一团。

我们在社会中扮演着许多角色，在老师面前我们是学生，在同学面前我们是朋友，在父母面前我们是孩子。在我们所扮演的角色中，我们必须承担起相应的责任。正是这份责任，让我们坚持自己的原则，堂堂正正地做人做事。

一位哈佛教授说，"人"只有在肩膀上担起"担子"，才能够长"大"。责任感是一个人做事的脊梁，当把"责任"二字铭记于心时，你会变得更加坚强。英国作家毛姆曾说："要使一个人显示他的本质，叫他承担一种责任是最有效的办法。"

古往今来，几乎所有的先贤志士都很注重对责任心的培养。今天，一个人勇敢地承担责任，负有责任感更加重要，一个家庭、一个学校、一个社会，都需要那些为它尽到责任的人。

05 敢于挑战权威

对一些问题，我们要善于质疑，要敢于挑战权威，勇于坚持自己的独立思想。

小泽征尔的名字如今已经如雷贯耳，他是20世纪最杰出的音乐家之一。在他成为世界著名的交响乐指挥家后不久，在一次世界优秀指挥家大赛的决赛中，评委会随即抽取了一份乐谱给他，可想而知，这份乐谱的难度非一般人能够指挥的。他按照评委的要求指挥演奏，但刚刚开始不久，他就敏锐地发现了不和谐的声音。起初以为是乐队演奏出了错误，就停下来重新演奏，但还是不对。他大声地对台下的评委说："我觉得是乐谱有问题。"这时，在场的作曲家和评委会的权威人士坚持说乐谱绝对没有问题，是他错了。面对一大批音乐大师和权威人士，他思考再三，最后斩钉截铁地大声说："不！一定是乐谱错了！"话音刚落，评委席上的评委们立即站起来，报以热烈的掌声，祝贺他大赛夺冠。

第七章

勇气——走在泥泞的路上，才能留下脚印

原来，这是评委们精心设计的"圈套"，以此来检验指挥家在发现乐谱错误并遭到权威人士"否定"的情况下，能否坚持自己的正确主张。前两位参加决赛的指挥家虽然也发现错误，但终因不敢质疑，随声附和权威们的意见而被淘汰。

不敢挑战权威、只会随声附和的人，不仅仅会失去成功的机会和别人的赏识，更遗憾的是，他们会失去那种让自己的思想自由迸发，最后被别人认可的快乐。

我们身边有太多的权威，我们的老师、家长、偶像都可能成为我们潜意识里的"权威"。更可怕的是，有许多人让我们不自觉地去迷信权威。我们可以尊重权威，但不能迷信权威，坚持自己的独立见解非常重要。

在哈佛著名的肯尼迪政治学院南边有一个肯尼迪公园，公园南门的门柱

上刻着肯尼迪总统1963年说的一段名言：

"创造权力的人对国家的强大做出了必不可少的贡献，但质疑权力的人做出的贡献同样必不可少，特别是当这种质疑与私利无涉之时。因为，正是这些质疑权力的人们在帮助我们做出判断：究竟是我们使用权力，还是权力使用我们？"

这段话鼓舞了数以万计的哈佛学子，作为哈佛人，他们都清楚，如果说严格的学术规范是独立思想得以存在的一个基本保障，那么怀疑精神便是独立思想得以形成的一个主要的内在动力。

生活之中也有许多变相的权威，如学历、权贵……如果你不勇敢地向这些"权威"挑战，它们就有可能会束缚你的头脑，让你丧失独立思考的能力。只有敢于挑战所谓的"权威"，你才能有自己的建树。

古人说："疑似之迹，不可不察。""于无疑处有疑，方是进矣。"对一些问题，我们要善于质疑，要敢于挑战权威，勇于坚持自己的独立思想。

权威的意见固然可以参考，但参考毕竟是参考，做决定的还是自己。这是因为，权威在今天可能是权威，但不代表永远是权威，今天正确的权威也不代表真理。自我突破走出自己的一条路，是面对权威做出的正确选择，也是实现自我价值的出路所在。

哲人说，我爱我师，我更爱真理。敢于提出自己的质疑，发出自己的声音，在自由的思维状态下思考问题，不畏首畏尾，不为传统权威束缚，才能有所创新。

崇尚权威，会禁锢你的头脑，束缚你的手脚。不要照搬权威的意见，坚持自己的独立思考，坚持并创造出一条权威之外的、属于自己的成功之路。

第八章
纪律——没有规矩,不成方圆

　　自由和纪律既是对立的又是统一的。自由是在纪律约束下的自由,纪律带有一定的强制性,但没有这种强制性,自由也就无法实现。自由只有在纪律的框架内,遵守相应的游戏规则才能得到保证。循规蹈矩,遵循道德标准与自由并不对立,相反,纪律应该成为我们的立身法则。

01 做一个遵守纪律的人

人类是一个庞杂的群体，必须有一种公约来保障每个人学习的权利，工作的权利，生存的权利。

中国有句古话："没有规矩，不成方圆。"意思是说，人生活在社会上，就必须要遵守纪律，成功之人都是遵守纪律，有规矩的人。

深夜，布朗走进小镇的车站理发店。

"非常抱歉，"理发师殷勤可亲地微笑着，"按照规定，我只能为这里有车票的旅客服务。"

"反正现在你们店里连一个顾客都没有，"布朗试着提出异议，"既然如此，是不是可以来个例外呢？"

理发师朝布朗这边稍稍转过他的脸，说："尊敬的先生，虽然现在是夜里，可是我们要遵守规章，一切都应照章行事。只有旅客才能在这儿刮脸理发！"说完，他又把脸扭过去了。

无奈之下，布朗走到售票窗口前："请给我一张火车票。"

第八章
纪律——没有规矩，不成方圆

"您上哪儿？"

"哪儿都行，反正对我都是一样。"

"别装疯卖傻了！"年轻的女售票员发火了。"我一点儿也没装疯卖傻，"布朗平心静气地说，"您只要卖给我一张离这儿最近的那一站的车票就行了。"

布朗手里捏着买到的火车票，第二次走进理发店。

"请看，这是我的火车票，现在我想刮一下脸。"

然而，理发师的头脑并不那样简单。

"非常抱歉，"他双手交叉在胸，"如果您只是为了刮脸才买车票的话，那么，在我们理发店您就难以达到自己的目的了。我们这儿只为有车票的乘客服务。"

布朗艰难地喘了一口大气。

"可是劳驾！"他大喊起来，"我只要有这张车票，就可以到莱布尼茨去。在这种情况下，对您来说，我就是乘客！"

"请等一下！"理发师拿起桌上的电话打了起来……

"好了，"打完电话后他说道，"您现在可以刮脸了。"

"总算可以了！"布朗高兴地喊出了声。

"不过不是在这儿，"理发师说，"而是在那儿——莱布尼茨车站。"

从古至今，公德、纪律、法律都是一种公约。人类是一个庞杂的群体，必须有一种公约保障每个人学习的权利，工作的权利，生存的权利。所以，每个时代每个地方都设立了自己的纪律、法规。

没有严明的纪律，我们缺乏安全感；没有严明的纪律，我们无法学习；没有严明的纪律，我们便承接不了人类的智慧与文明。所以，我们从小就要培养孩子做一个遵守纪律的人。

有些人觉得现实生活中，太多的规矩、太多的繁文缛节限制了我们的自由，学校有学校的纪律，公司有公司的纪律，社会有社会的法律法规，稍不注意就会违反了这些纪律、法规，于是，总有人感叹自由太少。可我们为什么不静下心来想一想，如果没有了这些约束我们自由的纪律、法规，那世界岂不成为是一盘散沙？人们为所欲为，穷困时去偷、饥饿时去抢、不顺心时去打架，把怒气转到别人身上。这样的自由要得吗？因此，相对的自由才是真正的自由，只有懂得这一点的人才能维护纪律，遵守纪律，时时为别人着想，处处检点自己的行为，在自由的国度里享受"自由"。

第八章
纪律——没有规矩，不成方圆

02 纪律不是限制自由

　　自由只有在纪律的框架内，遵守相应的游戏规则才能得到充分的发挥。

　　风筝迎风自由飞翔，可它还是不满足。它想：要是没有线的牵扯，自己就可以飞得更高、更远。于是它老想着摆脱线的束缚，摇头摆尾地说："谁能帮助我获得自由啊？"大风自告奋勇地说："让我来帮助你吧！"于是，它施起看家的本领刮起了风，蓦地天昏地暗。"咔嚓"一声线断了，风筝正得意忘形，可是没想到在空中翻了几个跟头便摔落在地上，落得个千疮百孔的下场。

　　风筝离不开线，受到线的约束，线是保证风筝自由顺利飞翔必不可少的条件，它们既互相制约又互相联系。而自由与纪律的关系，就像风筝与线的关系一样，风筝没有线的束缚是不能自由飞翔的，那么没有纪律约束的自由是没有保证的。

　　我们生活在这个社会，不可以没有自由也不可以没有纪律。自由和纪律既是对立的又是统一的。自由是在纪律约束下的自由，纪律带有一定的强制性，但没有这种强制性，自由也就无法实现。所以，自由只有在纪律的框架内，遵守相应的游戏规则才能得到充分的发挥。

　　自由是每一个孩子都想得到的，只有自由的天地才是强者生存的土壤。孩子年少好动，渴望自由是他们的天性，作为父母，一定要尊重孩子的这种天性。父母要想把自己的孩子培养成为生活的强者，就应该多给孩子一些自由的空间。

　　孩子是灵动的，是一个具有生命的、能动的、发展的、活生生的人。我们不应该把孩子作为一种物体来对待，孩子不是家长进行思想灌注的容器，不是家长可以任意塑造的蜡或泥，不是家长可以任意刻画的画板，也不是家长养的花草动物。家长应该仔细观察和研究孩子，了解孩子的内心世界，尊重孩子的个性，给孩子自由的空间，如果这也不行那也不行，到处是条条框框，必然会压抑孩子的个性，不利于孩子敢想、敢说、敢干、敢闯的特长的发挥。

第八章
纪律——没有规矩，不成方圆

以下几项原则能够指导父母们设立家规，帮助父母们设定明确的家规与自由的界限，不致让两者产生冲突：

第一，将自由与责任联系起来。

孩子的责任心越强，他们可以享有的自由也就越多；孩子越守信用，父母就越能信任他们。

第二，事关安全，要绝对服从。

家规的美妙之处就在于，家长不必喊叫。如果孩子听到你大叫，那会让孩子认为这是危险的信号。严厉的口气只能在关键的时候使用，才能产生有效的影响力。如果父母总是对孩子大喊大叫，这样做最危险的后果是，一旦紧急情况发生，孩子就不会听从父母了。如果父母滥用或误用自己的权力，孩子们就会对这些权力产生逆反心理。如果父母管得太多或管得太少，都会让孩子对他们的命令变得"麻痹"。

第三，防止权力争执。

如果一个家庭整天充满吵架声，不会对孩子有任何好处。要避免吵架，要避免说教、唠叨和反复提醒，最好的办法是建立家规，切实实施处罚。当需要一种秩序时，先把它提出来，并解释清楚，确保孩子真正理解，然后再简要地把其中包含的美德说出来。一旦孩子违反了这种秩序，就要实施惩罚，让行动说话，然后再次重申其中涉及的美德。

制定家规也是防止权力争执的最好方式之一。规定是明确的，孩子可以选择遵守或不遵守，如果选择不遵守那就接受预先制定的惩罚措施。当他们很听话的时候，父母要对他们的诚实、服从或责任等这些美德予以肯定。

第四，对努力和进步一定要做出肯定。

优良品格发展的有效方法就是对孩子的进步给予积极的响应。需要注意的是，这些响应必须真实，而不要夸大或过度。我们每个人做出努力的时候，都或多或少带有一点冒险，此时，鼓励将起到一定的激励作用。

孩子将来成为什么样的人，主要是依赖于教育、机会和努力，哈佛学者认为，教育孩子最有效的方式就是当你看到孩子付出了努力，就一定要肯定他和鼓励他。

当你对孩子的努力和进步做出肯定，比如用尊重和赞赏的语气说："我最近发现你对弟弟十分友好，你的自我约束能力很好！"同时，给孩子一个拥抱，或轻轻地拍一拍他的肩膀，这有助于孩子再接再励，继续努力。如果把这种肯定与家规联系起来，孩子就能得到一个更明确的信息——什么叫作"好"。

第八章
纪律——没有规矩，不成方圆

03 守纪律才会肯负责

真正有所为的人，必定是严格按照纪律约束自己的人。

一位教授曾讲述了这样一件他亲身经历的事情：他在美国念书时，有一次开车经过斑马线，看看无人通行就不顾"停"的标志，直接驶向前去。结果发现一位老太太开车尾随，不肯离去。他想一定有事，就停下车，老太太也停下车，走过来严词问他：为什么看到"停"的标志，没有停车？

我们在佩服这位老太太"多管闲事"的公德精神时，同时会联想到守法的习惯以及背后隐藏的纪律观念。法律是为人而定的，因此可以因时因地而修改，但是一旦经由合理程序制定之后，就成为具有普遍约束力的有效规范，必须严格遵守。若是漫不经心破坏这些规范，轻则受人责怪，重则制造灾难。人生活在社会上，就必须遵守纪律。

纪律是约束我们的行为，约束行为的目的是为了让大家按照一定的规则去做事情，人没有了纪律的约束，就像断了线的风筝。可能当时会放纵一下自己，以后就再也不会高飞起来了。真正有所为的人，必定是严格按照纪律约束自己的人。

现代人的苦恼是：时间不够，事情太多。这一切则源自价值失序，以致无法分辨本末轻重，好像什么都可以选择，但却没有什么实际意义。无限的自由，带来抉择的巨大压力，更令人不愿面对随之产生的责任感。要处理好这一问题，首先要读懂纪律。

"纪律"应该包括不逃避自由，接受先苦后乐的价值观，愿意认清事实，维持平衡和谐等内容。

"自由"是一个动人的名词，受到无数人的喜爱与赞美，但是我们不得不承认它的独特性格：所谓民主国家里的人，却像心理学家弗洛姆所说的，想要"逃离自由"，成千上万的人为了逃避责任所带来的痛苦，纷纷放弃了自己自由选择的权利，成为逃避自由的人。

布鲁克医生在《学习心理治疗》一书的序言中说：基本上，所有来找心理医生的病人，"都有一个共同的困扰，就是无助的感觉，认定自己没有办法应付现实状况。"这种"无力感"的原因，是习惯于逃避自由，求助于别人，结果无法处理生活中遇到的种种问题。要彻底治愈这些人，就必须了解：人生是由一连串的选择与决定所构成的；唯有自己能够选择、能够决定，才可免除

第八章
纪律——没有规矩，不成方圆

无力感、无用感与无助感。

要获得自由，摆脱痛苦，就要勇于负责。有纪律的人总是肯负责的。在遇到抉择时，要思考：一、我能够做什么？二、我应该做什么？三、我愿意做什么？把这些问题弄明白，才能懂得承担责任。

能够做的，未必是应该做的；应该做的，未必是愿意做的。能够与应该配合起来，可以过一个安稳的人生；应该与愿意配合起来，可以过一个快乐的人生。承担责任才会有一个快乐的人生。加缪曾说："幸福不是一切，人还有责任。"人的幸福就在于面对生命处境，自愿选择，并且为自己的选择所造成的后果负责。因此，纪律是一个人由成长而成熟的关键。所以，我们每个人最好从小开始，并由小事开始，接受纪律观念，培养负责的人生态度。

第九章
弱点——剔除人生的毒瘤，做最好的自己

金无足赤，人无完人。每一个人身上都不可能完美无缺，或多或少的有些弱点，这是无可避免的事。认识自身的弱点以后，能够扬长避短，发挥自己的优势的人，才是真正的完美主义者。

01 冲破自卑的牢笼

一个人如果整日被自卑的情绪占据着，就如同披着海绵在雨中行走一样，包袱越来越重，直至压得喘不过气。

现今，我们身处一个开放和竞争的年代，人际交往更加频繁，在一个人的性格因素中，缺少自信，缺少对情绪的驾驭能力，而又经常感到自卑，这样的人，即使有再多的才华，恐怕也难以获得广阔的施展空间。

有一年，一位父亲带领年少的儿子去拜谒著名印象派画家凡·高的故居。当儿子看到狭小木屋里的种种简陋陈设后，心中感到十分奇怪，他问父亲：

"凡·高不是世界著名的画家吗？他难道不是百万富翁吗？"

父亲回答道："凡·高是一位连妻子都没娶上的穷人。他的画是在他穷困潦倒、贫病交加时创作的，当时并没有引起世人的注意，直到他过世若干年后才被世人认可。这就是艺术家的人生。"

第二年，这位父亲又带领儿子去丹麦拜谒安徒生故居。在安徒生破败的

第九章
弱点——剔除人生的毒瘤，做最好的自己

故居前，儿子心中很纳闷，他再一次问父亲：

"爸爸，安徒生不是生活在皇宫里吗？"

父亲回答："安徒生是一个鞋匠的儿子，他的童年就是在这个破旧的阁楼里度过的，但是他的心中却充满了美好的想象，他将这些美丽的想象写成童话故事给孩子们，让他们都能得到美的享受。"

这位父亲是一个水手，他每年都在大西洋各个港口之间往来穿梭。他的儿子就是在美国历史上首次荣获美国授予新闻记者的最高奖项——普利策新闻大奖的黑人记者：伊东布拉格。

20多年后，当功成名就的伊东布拉格回首童年岁月时，他不无感慨地说：

"童年的时候，我们家里真的很穷。我的父母都依靠卖苦力为生。曾经有相当长的一段时间，我一直认为像我们这样地位低下的黑人孩子是绝对不可能有什么出息的。但是，是我的父亲用事实告诉我，上帝并不会因为一个人出身卑微就轻视他，不肯赐予他财富和地位。"

我们不能不承认一个事实：富人并不一定伟大，而穷人也并不一定卑微。上帝是十分公平的，即使是出身卑微的人也同出身富贵的人有着同样的

机会。

一位哈佛心理学教授说："自卑是一种消极的自我评价或自我意识，即个体认为自己在某些方面不如他人而产生的消极情感。"自卑的人总认为自己事事不如人，自惭形秽，丧失信心，进而悲观失望，不思进取。

无论有什么不足，我们自己首先应该接纳自己，并认可自己，这样我们在内心才能取得平衡。然后，我们再想尽一切办法努力改变自己，提高自己，这样才会有质的突破和飞跃。

没有人规定出身低下的孩子未来仍旧地位低下，不允许他有长足的发展，不允许他成名，不允许他富有。所有的不可能通过努力都会成为可能。

一个人如果整日被自卑的情绪占据着，就如同披着海绵在雨中行走一样，包袱越来越重，直至压得喘不过气。这样的人整天萎靡不振、郁郁寡欢、落落寡合，自己将自己封闭起来，几乎断绝了与别人的交流与交往。这样的精神状态与生活方式显然与我们的时代格格不入，与现实的生活不合拍。

其实，战胜自卑并非难事。在生活中以平和的心态对待周围的人和事，慢慢地，当你鼓起自信的风帆，划动奋斗的双桨时，就一定会发现一个生机勃勃的你，一个潇洒自如的你，一个成功的你。

第九章
弱点——剔除人生的毒瘤，做最好的自己

02 懒惰是阻碍
成功的毒药

一位成功者说："懒惰、好逸恶劳乃是万恶之源，懒惰会吞噬一个人的心灵，就像灰尘可以使铁生锈一样，懒惰可以轻而易举地毁掉一个人，乃至一个民族。"

在一个池塘边生活着两只青蛙，一绿一黄。绿青蛙经常到稻田里觅食害虫，黄青蛙却经常悠闲地躲在路边的草丛中闭目养神。

有一天，黄青蛙正在草丛中睡大觉，突然听到有人叫："老弟，老弟！"它懒洋洋地睁开眼睛，发现是田里的绿青蛙。

"你在这里太危险了，搬来跟我住吧！"田里的绿青蛙关切地说，"到田里来，每天都可以吃到昆虫，不但可以填饱肚子，而且还能为庄稼除害，况且也不会有什么危险。"

路边的黄青蛙听了不耐烦地说："我已经习惯了，干吗要费神地搬到田里去？我懒得动！况且，路边一样也有昆虫吃。"

田里的绿青蛙无可奈何地走了。几天后，它又去探望路边的伙伴，却发现路边的黄青蛙已被车子轧死了,正好暴尸在马路上。

很多灾难与不测都是因为我们的懒惰和其他不良习惯造成的,举手之劳的事情却不愿为之,注定要为此付出沉重的代价。

命运靠自己来掌握,选择勤劳就可以得到幸福,携带懒惰永远难逃厄运。

这是一个非常简单的道理:懒惰是人生成功和幸福的大敌。

生性懒惰的人绝不可能成为一个成功者,成功只属于那些辛勤劳动的人们。懒惰是一种恶劣而卑鄙的精神重负。人们一旦背上了懒惰这个包袱,就只会整天怨天尤人,精神沮丧、无所事事。

英国圣公会牧师、学者、著名作家伯顿指出:精神抑郁、沮丧总是与懒惰、无所事事联系在一起的。

"懒惰是一种毒药,它既毒害人们的肉体,也毒害人们的心灵,"伯顿说,"懒惰是万恶之源,是滋生邪恶的温床;懒惰是七大致命的罪孽之一,它是恶棍们的靠垫和枕头,懒惰是魔鬼们的灵魂……一条懒惰的狗都遭人唾弃,一个懒惰的人当然无法逃脱世人对他的鄙弃和惩罚。再也没有什么事情比懒惰更加不可救药的了,一个聪明然而却十分懒惰的人本身就是一种灾祸,这种人必然成为邪恶的走卒,是一切恶行的役使者,因为他们的心中已经没有劳动和

第九章
弱点——剔除人生的毒瘤，做最好的自己

勤劳的地位，所有的心灵空间必然都被恶魔占据了，这正如死水一潭的臭水坑中的各种寄生虫，各种肮脏的爬虫都疯狂地增长一样，各种邪恶的、肮脏的想法也在那些生性懒惰的人们的心中疯狂地生长，这种人的心思灵魂都被各种邪恶的思想腐蚀、毒化了……"

懒惰，从某种意义上讲就是一种堕落，它就像一种精神腐蚀剂一样，慢慢地侵蚀着你。一旦背上了懒惰的包袱，生活将是为你掘下的坟墓。马歇尔·霍尔博士认为："没有什么比无所事事、懒惰、空虚无聊更加有害的了。"

正如肥沃的稻田不生长稻子就必然长满茂盛的杂草一样，那些好逸恶劳者的脑子中就长满了各种各样的"思想杂草"。懒惰这个恶魔总是在黑夜中出现，它直视那些头脑中长满了这些"思想杂草"的懦夫，并时时折磨、戏弄他们："正义之神正是派遣这些恶魔来折磨那些懒惰、无所事事的人。"

面对惰性行为，有的人浑浑噩噩，意识不到这是懒惰；有的人寄希望于明日，总是幻想美好的未来；而更多的人虽极想克服这种行为，但往往不知道如何下手，因而得过且过，日复一日。

克服懒惰，正如克服任何一种坏毛病一样，是件很困难的事情。但是只要你决心与懒惰分手，在实际的生活学习中持之以恒，那么，灿烂的未来就是属于你的。

03 别让过多的欲望占据你的心灵

我们拥有的不是太少，而是欲望太多，因而造成心理贫穷。

有一天，一个国王独自到花园里散步，使他万分诧异的是，花园里所有的花草树木都枯萎了，园中一片荒凉。

后来国王了解到，橡树由于没有松树那么高大挺拔，轻生厌世死了；松树又因自己不像葡萄那样结许多果子，也死了；葡萄哀叹自己终日匍匐在架上，不能直立，不能像桃树那样开出美丽可爱的花朵，于是也死了；牵牛花也病倒了，因为它叹息自己没有紫丁香那样芬芳；其余的植物也都垂头丧气，没精打采，只有小小的心安草在茂盛地生长。

国王问道："小小的心安草啊，别的植物全都枯萎了，为什么你这棵小草却这么勇敢乐观，毫不沮丧呢？"

小草回答说："国王啊，我一点也不灰心失望，因为我知道，如果国王您想要一棵橡树，或者一棵松树、一串葡萄、一株牵牛花、一棵紫丁香，等等，您就会叫园丁把它们种上，而您希望我就是我，就是做小小的心安草。"

第九章
弱点——剔除人生的毒瘤，做最好的自己

国王被心安草的话深深地感动了，他说："你们过去是花园里挺不显眼的，那么现在我要让你们成为挺显眼的，不，我现在不再让园丁种植其他的花草树木了，而只让他们来伺候你们，给你们最充足的水分和养料，给你们最好的照顾。"于是，花园里就只剩下心安草在茂盛地生长，花园里的风景一天天变得单调了。但这都没有什么，奇怪的是，尽管这样，心安草却开始变得不安心了，因为它们对自己的期望越来越高，它们要求有更好的照顾和营养。它们以为只要通过精心地培养，它们最终就能同时拥有松树的挺拔、葡萄的多实、桃花的美丽和紫丁香的芬芳。可是因为达不到这样，它们就变得越来越苦恼，抱怨也越来越多，形容也就越来越憔悴了。它们甚至开始变得越来越容不下其他的花草，偶尔有风或者鸟带来其他花草的种子，它们就中伤和排挤这些与它们不同的花草，说这些花草不美，央求园丁把这些花草除去。甚至它们自己内

部也互相妒忌，互相排挤。最后，当国王又一次来到花园的时候，他看到的只是一片荒芜。

对一些类似心安草的人来说，生命就是一团欲望，欲望不能满足便痛苦，满足便无聊，人生就在痛苦和无聊之间摇摆，这样的人生无疑是可悲的。

在现代社会，在我们周围，我们总是被那些大大小小的欲望所迷惑，它使我们自己不知足，甚至憎恨别人所拥有的或嫉妒别人比我们更多，以致心理产生不平衡。

尼采说："人最终喜爱的是自己的欲望，而不是自己想要的东西。"其实，我们拥有的不是太少，而是欲望太多，因而造成心理贫穷。

在许多时候，不是我们不懂生命的重要，而是我们更多地被欲望所左右、所迷惑。要知道，我们终身劳苦而获得的财富和我们所能享受到的世俗的欢乐都只不过是过眼云烟，我们是不可能带着它们离开这个世界的。那么，在我们活着的时候，有什么欲望是一定非要满足不可的呢？

要轻视欲望，就要懂得舍弃。而外在的舍弃让你接受教训，心里的舍弃让你得到解脱，从而心里变得安宁。

很多人都明白，贪欲会把人带向罪恶的深渊，让人失去理智。它可以使人相互摧残，甚至使最好的朋友反目成仇。一旦人的内心被贪欲所吞蚀，那他必将被其毒害。

中国有句古语说："苦海无边，回头是岸。"但偏偏就有人执迷不悟，所以说，烦恼都是自寻的。

人生苦短，要想获得更多，就得放弃更多。那些什么都想要的人，是不可能有多少获得的，其实那是一种奢望。人的欲望根本没有终极，所以在应该放手时就放手便显得尤为重要。

潇洒地放弃不必要的名利，执著地追求自己的人生目标。执著地追求能够促使我们在人生路上不断地施展自己的才华，不断地释放自己的能量，但是

第九章
弱点——剔除人生的毒瘤,做最好的自己

过度地执著或过度地沉迷于追求某些事,以生命的代价来换取所谓的追求,这是对自己生命的不尊重。其结果必然是对自身生命的最大的放弃,让自己的一生永远处在不安、焦灼之中。

哈佛哲人说:"欲望是人痛苦的根源,因为欲望永远不能被满足。"既然这样,明知得不到的东西,何必苦苦相求,明知做不到的事,何必硬撑着去做呢?你应该明白:即使你拥有整个世界,但你一天也只能吃三餐;无论拥有多少豪宅,一次也只能睡一张床。这是人生思悟后的一种清醒,谁真正懂得它的含义,谁就能活得轻松,过得自在,白天知足常乐,夜里睡得安宁,走路感觉踏实,蓦然回首时没有遗憾。

04 自负会阻碍成功

父母是孩子效仿的最直接的榜样,父母要谦虚友善,不要在孩子面前表现出自负情绪,以免孩子受到不良影响。

美国著名的《财富》杂志,曾经在封面上登过一位年仅19岁的年轻人的照片。这位年轻人名叫詹森·斯维斯彭,是一位网站的拥有者。他因为在投资家的资助下推出一个名叫"心想事成"的网站而一举成名,在短短的几个月内,网页的访问量达到900万人次。

这在美国是绝无仅有的,有人惊叹:难道他是下一个比尔·盖茨吗?

詹森在网站上收益了上亿美元的资金,成为美国的一位网络新贵。

他取得了巨大的成功,因此他认为自己有非凡的能力,能办到一切事情。而当时许多人认为绝不是狂言,因为他的年龄和成就甚至超过了当年的比尔·盖茨。有不少预测家也断定他必然会累积巨大的财富,成为类似于比尔·盖茨那样的影响全球的人物。

不久,美国许多金融家主动向他提供贷款,给予他巨大的财力支持。他

第九章
弱点——剔除人生的毒瘤，做最好的自己

的公司很快上市，财富的累积像雪球一样增大，从原来的1亿美元扩增到26亿美元。

这简直就是一个财富神话。

他成了美女、媒体追逐的对象，他和世界级的超级模特拍拖约会，和大量的媒体接触，甚至有电视台准备拍一部反映他的创业史的电影；他的生活也极尽奢华，他一共为此花去了3.24亿美元。

不久，美国股市风云突变，詹森公司的股票从原来的168美元狂跌到2美元，公司宣告破产。

仅仅两年的时间，他由一位富翁变成了一个身无分文的普通人。那些曾经和他热恋的模特和像苍蝇一样追逐他的媒体全都不见了。詹森又四处筹款准备东山再起，但他感到，此时借钱竟然如此困难，没有一家金融机构愿意借钱给他，这让人觉得不可思议。

最后，他从他的叔叔那里借到了钱，又注册了一个网站，但风光不再。

詹森说："经过这些事，我终于明白了，金钱只认得金钱，它不会认得人。以前我失败的原因是，我总认为金钱是认得我的。"

有媒体评价说：这位20岁的年轻人，以后可以成为一位哲学家。

自负心理就是盲目自大，不切实际地高估自己的能力，通过放大镜来看自己的长处，以致失去自知之明。自负者通常以自我为中心，孤傲、自大是他们惯有的常态，但是自负最终会让人付出惨重的代价。所以，只有告别自负从孤芳自赏中清醒过来，才能开创人生辉煌。

自负会对孩子的发展产生消极影响。自负的孩子常会形成与外界的隔膜，这使他们的心胸变得很狭窄。

而综观历史，一些成功人士的失败，无不源于在成就面前的忘乎所以、我行我素、目空一切。

被人称为"美国之父"的富兰克林，少年得志，豪情满怀，意气风发。

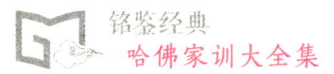

他的表现、风度自然也是挺胸阔步、昂首视人。

一位爱护他的老前辈意识到，一位有成就的普通人如此表现无可厚非，但作为国家领导人，这样很危险。于是他将富兰克林约出来，地点选在一所低矮的茅屋。富兰克林习惯于昂首阔步、大步流星，于是一进门，只听"嘭"的一声，他的额头顿时起了一个大包，痛得连声叫喊。

迎出来的老前辈说："很疼吧！对于习惯仰头走路的人来说，这是难免的。"富兰克林顿时有所领悟。

自负的孩子好高骛远，不切实际。他们很少关心别人，与他人疏远，看不起别人，总认为自己比别人强很多。他们狂妄自大，大都以"自我为中心"，想干什么就干什么，不会设身处地地替别人着想。而父母是孩子效仿的最直接的榜样，父母要谦虚友善，不要在孩子面前表现出自负情绪，以免孩子受到不良影响。

爱迪生的晚年经历也许能给我们做父母的一些启发。

当初那个锐意进取的爱迪生，到了晚年曾说过一句令人们目瞪口呆的话："你们以后不要再向我提出任何建议。因为你们的想法，我早就想过了！"于是他的事业止步了。

1882年，在白炽灯彻底获得市场认可后，爱迪生的电气公司开始建立电力网，由此开始了"电力时代"。当时，爱迪生的公司是靠直流电输电的。不久，交流电技术开始崭露头角，但受限于数学知识(交流电需要较多数学知识)的不足，更受限于孤芳自赏的心态，爱迪生始终不承认交流电的价值。凭借自己的威望，爱迪生到处演讲，不遗余力地攻击交流电，甚至公开嘲笑交流电唯一的用途就是做电椅杀人。发展交流电技术的威斯汀豪斯公司，一度被爱迪生压得抬不起头。

但一朝不等于一世，后来那些崇拜、迷信爱迪生的人在铁一般的事实面前惊讶地发现：交流电其实比直流电要强得多！

第九章
弱点——剔除人生的毒瘤，做最好的自己

爱迪生辉煌的人生在接近尾声时因为自负而栽了一个致命的大跟头，而且再也没能爬起来，成了他一生挥之不去的败笔。

在逆境中，爱迪生保持了惊人的毅力与良好的心态；在顺境中，他却像历史上很多伟人一样，沉浸在自己的成就中，变得狂妄、轻率而固执。从那一刻起，他前半生积累的一切成就，全部变成了负数，阻碍了社会进步，也毁了自己的一世英名。

不要相信能人会永远英明，即便像伟大的爱迪生，到晚年都保不住自己的"品牌"。古今中外有很多伟人都难逃"成功—自信—自负—狂妄—轻率—惨败"的怪圈。真正的智者，总是在为事业奠定了物质和制度基础后，平视自己的成就，平视周围的人，而不是仰视成就、俯视周围的人和事，只有这样的人才可能事业常青。

05 依赖令你
　　远离进步

优秀的父母给予孩子最好的东西就是教会他们生存和生活的能力，而不是满足、娇惯、溺爱或放纵。

有一位9岁的小男孩，父亲在国外，和母亲、兄弟姐妹相依为命，那时第二次世界大战还没有结束。

小男孩耐不住寂寞，就和住在他家附近的士兵交上了朋友。当时有一个陆军防空炮兵团就驻扎在那儿，因相距很近，交往起来很方便。

士兵们常送些小礼物给他，如陆军伪装钢盔、枪带、军用水壶等。小男孩则从家里拿些糖果、杂志，或邀请他们到家中吃顿便饭作为回赠。

一天，一位士兵朋友对他说："等到星期天早上5点，我带你去船上钓鱼！"

小男孩高兴地跳起来："我太想去了，我甚至还从未靠近过一艘船呢。我总是用目光送出去好远，真羡慕！我总是梦想着，有一天能在船上钓鱼。"

小男孩太兴奋了，嘴上也滔滔不绝，"噢，太感谢你了，我很快就要实

第九章
弱点——剔除人生的毒瘤,做最好的自己

现这个梦想了!我要告诉妈妈,星期六请你过来吃晚饭!"

到了星期六晚上,小男孩和衣而卧,为了保证不迟到,他还穿着网球鞋。兴奋令他无法入睡,他幻想着海中的石斑鱼和梭鱼,在天花板上游来游去,数也数不清。

早晨3点,他便起身,准备好渔具箱,另外还带有备用的渔钩和渔线,将钓竿上的轴上好油,带上两份花生酱和果酱三明治。

4点整,他就出发了,带着钓竿、渔具箱、午餐和满腔的热情。在黎明前的黑暗中等待他的士兵朋友到来。

等啊等,等到天边出现了鱼肚白,他的朋友还没出现。

等到了朝霞满天,还不见士兵的踪影,一个9岁的小男孩此刻的心情是何等的焦急。他盼望着奇迹的出现。

然而,他的那位士兵朋友失约了。

他后来回忆说:

"那可能就是我一生当中,学会要自立自强的关键时刻了。我没有因此对人的真诚产生怀疑或自怜自艾,也没有爬回床上生闷气或懊恼不已,更没有向母亲、兄弟姐妹及朋友诉苦,说那家伙没来,他失约了。相反的,我跑到附近的杂货摊,花光我帮人除草所赚的钱,买了那艘心仪已久的单人橡皮救生艇。近午时分,我才将橡皮艇吹满气,把它顶在头上,里面放着钓鱼的用具,活像个原始狩猎人。我摇着桨,滑入水中,假想我在启动一艘豪华大油轮。我钓到一些鱼,享受了我的三明治,用军用水壶喝了些果汁,这是我一生中最美妙的日子之一。那真是生命中的一大高潮。"

对每一个人而言,拒绝依赖他人是对自己能力的一大考验。生命当自主,一个总想依赖他人的人,无异于将命运交付于人,这样的人永远享受不到独立的乐趣,也将永远受制于人。

世上有一种人,存在极强的依赖心理,总是依靠拐杖走路,尤其是依靠别人的拐杖走路。

有些人经常持有的一个最大谬见,就是以为他们永远会从别人不断的帮助中获益。志存高远者依靠自己的力量实现远大的目标,而事事依靠他人只会导致失败。

新生命的诞生是从剪断脐带开始的,生命所受到的最大束缚就来自于它对"绳子"的依赖。人类注定只有靠自己才能获得自由,"你的命运藏在你自己的胸里",如果你依恋那根"绳子",你至死也不会明白为什么自己会那么卑贱地离开这个世界。

孩子不可能一辈子在父母的翅膀下生活,也不可能一辈子拄着拐杖行走,他总有一天要离开父母走向社会,走向自主的生活。因此,"授人以鱼不如授人以渔,"父母要让孩子学会自己去生活,这是"开启世界之门的钥匙。"

第九章
弱点——剔除人生的毒瘤，做最好的自己

鲁迅先生曾说："子女是即我非我的人，但既已分立，也便是人类中的人。因为即我，所以更应该尽教育的义务，教给他们自立的能力，帮助他们放掉依赖的品行，锻炼他们的责任意识；因为非我，所以也应同时解放，全部为他们自己所有，成为一个独立的人。"

父母能替代孩子一时，却无法替代孩子一世，早日放手，让孩子用自己的脚走路是正确的选择。优秀的父母给予孩子最好的东西就是教会他们生存和生活的能力，而不是满足、娇惯、溺爱或放纵，这样才能给予他们一个健全的人格和自信的人生，才是真正地爱他们。

06 懦弱的人
一定会失败

自己是最大的敌人,人有时最难突破的,就是自身的局限性。

前几天,史密斯把孩子的家庭教师尤丽娅·瓦西里耶夫娜请到了他的办公室里,需要结算一下工钱。

史密斯对她说:"请坐,尤丽娅·瓦西里耶夫娜!让我们算算工钱吧。您也许要用钱,但您太拘泥礼节,自己总是不肯开口,唉,我们和您讲妥,每月30卢布。"

"40卢布。"

"不,30卢布,我这里有记载,我一向按30卢布付教师的工资的,您待了两个月。"

"两个月零5天。"

"整两个月,我这里是这样记的。这就是说,应付您60卢布,扣除9个星期日,实际上星期日您并没给柯利雅辅导学习,只不过是游玩,还有3个节日……"

第九章
弱点——剔除人生的毒瘤,做最好的自己

尤丽娅·瓦西里耶夫娜骤然涨红了脸,牵动着衣襟,但一语不发……

"3个节日一并扣除,应扣12卢布,柯利雅有病4天没学习,你只和瓦利雅一人学习,你牙痛3天,我内人准您午饭后歇假,12加7得19,还剩41卢布。对吧?"

尤利娅·瓦西里耶夫娜两眼发红,并且满眶湿润,下巴在颤抖。她神经质地咳嗽起来,擤了擤鼻涕,仍旧一语不发。

"新年底,您打碎一个带底碟的配套茶杯,扣除2卢布,按理茶杯的价钱还高,它是传家之宝。上帝保佑您,我们的财产到处丢失。而后呢,由于您的疏忽,柯利雅爬树撕破礼服,扣除10卢布。女仆盗走瓦利雅皮鞋一双,也是出于您玩忽职守,您应付一切责任,你是拿工资的嘛,所以,也就是说,再扣除5卢布。1月9日您从我这里支取了9卢布。"

"我没支过！"尤丽娅. 瓦西里耶夫娜嗫嚅着。

"可我这里有记载！"

"那就算这样，也行。"

"41减26净得15。"

两眼充满泪水、修长而美的小鼻子渗着汗珠，令人怜悯的小姑娘啊！她用颤抖的声音说道："有一次我只从您夫人那里支取了3卢布，之后再没支过。"

"是吗？这么说，我这里漏记了！从15卢布再扣除3卢布，这是您的钱，最可爱的姑娘。12卢布，请收下吧！"

史密斯把12卢布递给了她，她接过去，喃喃地说：

"谢谢。"

史密斯一跃而起，开始在屋内踱来踱去。憎恶使他不安起来。

"为什么'谢谢'？"史密斯问。

"为了给钱。"

"可是我洗劫了你，鬼晓得，这是抢劫！实际上等于我偷了你的钱！为什么还说'谢谢'？"

"在别处，根本一文不给。"

"不给？奇怪啦！我和您开玩笑，对您的教训是太残酷……我要把您应得的80卢布如数付给您！呶，事先已给您装好在信封里了！可是何至于这样快快不快呢？为什么不抗议？为什么沉默不语？生在这个世界，笨嘴拙舌能行吗？难道可以这样软弱吗？"

她苦笑了一下，而史密斯却从她脸上的神态看出了答案，这就是"可以"。

史密斯请她对自己的残酷给予宽恕，接着把她应得的80卢布递给了她。

她羞羞地过了一下数，就走出去了……

生活中，总有那么一些人三番五次地被人利用和欺负，忍受人格的污

第九章
弱点——剔除人生的毒瘤，做最好的自己

辱。人们在表决时从不征求他们的意见，不知什么原因，他们始终扮演着违心的角色而不会抗争。

这就是软弱可欺。"适者生存，弱者消亡"是生物间的自然规律。生活中的弱者，在事业上也往往难以强起来——既然连自己的意愿都不能表达，又怎能指望他们标新立异地进行创新和有所创见呢？

哈佛哲人说，自己是最大的敌人，人有时最难突破的，就是自身的局限性。如果你有决心改变自己，那么经过努力，你就一定能够由一个弱者变为一个强者。下面这些策略可供你参考：

一是尽可能地使用行动而不是言辞抗争。如果发现你的亲人、朋友逃避责任，而你以前的反应只是抱怨几句，虽有几句怨言，却仍旧自己默默地去做。可是，要想变成一个强者，那就从此刻开始，用行动而不是言语进行反抗，当你这样做时，不必过多地考虑结果怎样。

二是斩钉截铁地表示你的态度。在一些公共场合，必须大胆地对服务员、售货员、陌生人说话，对蛮横无理的人要据理力争。你必须在一段时间内克服自己的胆怯和习惯心理，坚持一下，你就会发现，事情本该如此。只要从中获得一次成功，那么你就有勇气面对以后的事情。

三是对盛气凌人者毫不退让。当你碰到一些强词夺理的、爱吹毛求疵的、令人厌烦的、多管闲事的以及其他类似让你难堪的欺人者时，要勇敢地指出他们的错误行为，用你的行动告诉他们，你对他们不合情理的行为感到厌恶。你表现得越平静，对那些试探你的人越是直言不讳，你处于软弱可欺地位上的时间就越少。

四是敢于说"不"。勇敢地拒绝他人，会使人立刻对你刮目相看。事实上，与那种遮遮掩掩、隐瞒自己真实感受和想法的态度相比，人们更尊重那种毫不含糊的回绝。同时，你也会从这种爽直的回答中，感到自信又回到自己的心中。所以要敢于说"不"。

记住，你的行为决定了人们对你的态度。软弱者突然出现的抗争行为，往往会使人们不知所措，一定要坚持下去，不要让它变成一场闹剧，否则，这对你争取"解放"的行为，无疑是一次巨大的打击，并且今后会更难成功。

第九章
弱点——剔除人生的毒瘤，做最好的自己

07 冲动是魔鬼

谨慎地思考一遍，事情会做得更完善，谨慎地思考两遍，事情会变得更接近完美。

从前，有个愚人很笨，所以他一直很穷。可是他的运气较好，在一次下雨的时候，有一堵围墙被雨冲倒了，他居然从倒了的墙里挖出了一坛金子，因此他一夜暴富。可是他依然很笨，他也知道自己的缺点，于是就向一位老人诉苦，希望老人能指点迷津。

老人告诉他："你有钱，别人有智慧，你为什么不用你的钱去买别人的智慧呢？"

于是这个愚人按照老人说的话来到了城里，见到一个智者，就问道："你能把你的智慧卖给我吗？"

智者答道："我的智慧很贵，一句话100两银子。"

那个愚人说："只要能买到智慧，多少钱我都愿意出！"

于是那个智者对他说道："遇到困难不要急着处理，向前走三步，然后再向后退三步，往返三次，你就能得到智慧了。"

"智慧这么简单吗？"那人听了将信将疑，生怕智者骗他的钱。

智者从他的眼中看出他的心思了，就对他说："你先回去吧，如果觉得我的智慧不值这些钱，那你就不要来了，如果觉得值，就回来给我送钱来！"

当夜回家，在昏暗中，他发现妻子居然和另外一个人睡在炕上，顿时怒从心生，拿起菜刀准备将那个人杀掉。突然，他想到白天买来的智慧，于是前进三步，后退三步，往返三次，正走着呢，那个与妻同眠者惊醒过来，问道："儿啊，你在干什么呢，深更半夜的！"

愚人听出是自己的母亲，心里暗惊："若不是白天我买来的智慧，今天就错杀母亲了！"

第二天，他早早地就给那个智者送银子去了。

由于人的冲动、鲁莽，导致了很多悲剧的发生。如果我们在遇事时能保持冷静，有些事情缓一缓再做决定，那么，很多的悲剧都能避免。

生活中有太多不合理的事，如果能以平常心看待，坦然处之，也许是自己活得轻松的良方。

冲动是一个人在处理事情时不冷静所表现出来的一种行为意识。冲动是

第九章
弱点——剔除人生的毒瘤，做最好的自己

魔鬼。有人冲动骂人，有人冲动打人，甚至有人冲动杀人，这都是冲动酿成的后果。

冲动主要有两个危害：第一，与冲动的人打交道，说话做事要常常小心，可能因为你的某一个词语或一个手势就会触犯他的忌讳，造成沟通障碍。第二，对冲动者本人也有一定的危害。很多人事前反复告诫自己，哪些话不要说，哪些事不要做，可是一到节骨眼上，还是忍不住说了不该说的话或做了不该做的事，事后又懊悔不已。

为避免冲动，日常生活中，我们要学会"三思而后行"。听到这句话，也许有人会不屑一顾，如果一个人畏畏缩缩，怕这怕那，那什么大事也做不成了。但是，纵观历史，古往今来大凡英雄都是勇谋兼备。把握机会与谨慎思考并不矛盾。处理好两者的关系，才会让事情有完美的结局。谨慎地思考一遍，事情会做得更完善，谨慎地思考两遍，事情会变得更接近完美。如果仅仅抓住机会而不去冷静、谨慎地思考是不会成功的，否则世界上就不会有那么多冲动的失败者了。

冲动是魔鬼，冲动是炸弹里的火药，冲动是一副手铐、一副脚镣，冲动是一颗吃不完的后悔药。

人是需要冲动的魄力，但是不应该武断。梦想高远固然重要，但脚踏实地地筹划，并在适当的时机付诸行动更为关键。让我们牢记"冲动是魔鬼"，凡事要"三思而后行"，不要让魔鬼靠近我们，毁坏我们的生活和事业。

08 半途而废
终将一事无成

成功与失败的差距往往仅一步之遥，只要咬紧牙关坚持一下，就会看到胜利的曙光。

森林里要举行才艺大比拼，动物们纷纷去学本领，练技能。小猴也想去报名参加，但它不知道要参加什么比赛项目。

有一天，它看见青蛙在家里练习吹喇叭，小猴心想，当个乐手也不错。小猴急忙说："青蛙哥哥，你能教我吹喇叭吗？""当然能。"青蛙很乐意地说。小猴一连乱吹了两个小时，房子都被震得好像要裂了缝一样，小青蛙忙说："吹喇叭要讲究方法，不是声大就好听。"小猴把青蛙的话当成耳边风了，照样使劲儿吹，吹得满头大汗，终于受不了了，气喘吁吁地说："这喇叭太难吹了，我不学了。"说完头也不回地走了。

小猴又来到小兔家窗口，看到小兔正在做手工。一张普普通通的纸，经过小兔的巧手一弄，就变成一个个活灵活现的图案，小猴不禁赞叹，"小兔，你的手艺真巧，你能教我吗？"小兔笑着说："当然可以。"小猴拿起剪刀，

第九章
弱点——剔除人生的毒瘤，做最好的自己

坐了半小时，还是没能剪出一个花样来，就坐不住了，便对小兔说："我去放松一下。"然后就溜走了。

小猴又看到梅花鹿在练习跑步。小猴心想，当个运动健将也不错。小猴马上跑到梅花鹿旁请教："梅花鹿姐姐，跑步快有什么方法吗？"梅花鹿说："有，你只要用轻快的脚步跑，一定能跑得快。"小猴在小路上跑来跑去，过了一会儿，小猴子的脚很酸，只好在小路上休息。忽然，小猴听到百灵鸟在唱歌，就跟着百灵鸟唱起歌来，可是不一会儿，小猴又烦了。

比赛的时间到了，可是小猴还不知道该参加什么项目好，也没学成一样本领可以去比赛，只好弃权了。小猴之所以这样，都是因为它做事半途而废，所以结果一事无成。

"半途而废终将一事无成"是古人对今之众人的教诲和勉励。做什么事都不能坚持到最后，那结果也只能是一事无成。有句话叫"坚持到底就是胜利"，一切贵在坚持，只要坚持，哪怕是弱小的力量也能创造出意想不到的效果。永不言败就是一种勇气，一种不达目的誓不罢休的勇气。

其实，成功与失败的差距往往仅一步之遥，只要咬紧牙关坚持一下，就会看到胜利的曙光。

大诗人李白小时候逃学，当他到溪边时，见一位老婆婆用铁棒磨针。他顿悟，从此发奋读书，成为一个伟大诗人。要是没有坚持，半途而废，李白就不会赢得"诗仙"之称号。令人感到遗憾和悲哀的是，面对一而再、再而三的失败，多数人选择了放弃，没有再给自己一次机会。

人生的获得，在于每一次都竭尽全力地努力，不管是在开始，还是在结束，每一小步都要走得坚实，并坚持走到最后。

无论何时，你都应该信心百倍，并这样激励自己：再向前走一步就会获得成功，只要再一点点的坚持。人生的道路上，谁都会经历失败。面对一次次失败，不是每个人都能够朝着自己的既定目标继续奋斗，坚持到底。因为失败，许多人熄灭了理想之火，最终选择了放弃，他们是被自己的软弱的意志彻底地扼杀了，此时他们离成功已近在咫尺，再坚持一下就可以。

世上无难事，只怕有心人。而人生最大的败笔之一，就是做什么事都半途而废，无功而返。坚持一下，成功就在你的脚下。持之以恒地挑战挫折，直到最后的成功。让失败成为你冲向终点的动力，一个绝境就是一次挑战、一次机遇。只要坚持一下，总有一天会成功。

第九章
弱点——剔除人生的毒瘤，做最好的自己

09 别想一口吃成胖子

想成就一番大事业的人千万不要忽视了那些不起眼的小事情，也许正是因为这些小事为你打开了成功大门。

曾经有一对以拾破烂为生的孪生兄弟，他俩日日盼，月月盼，就盼望着将来有一天能够发大财。上帝亦因他俩的每一个梦都与发财有关而大受感动。

一天，兄弟俩从家里出发照旧沿街一边一人，一路同向而去。可一条偌大的街道仿佛被上帝来了一次大扫除，连平日里最微小的垃圾都不见了踪影，唯一剩下的就是稀稀拉拉、东一个西一个冷冰冰地躺在地上的小铁钉。

三两个小铁钉能值几个钱？老二不屑一顾。老大却不嫌弃，弯腰一一拾了起来，及至街尾，差不多盆满钵平。瞧瞧老大，老二若有所悟。老二羡慕得欲回头去捡，可是，来时路上的小铁钉，一个都没有了。

忽然，兄弟俩几乎同时发现街尾新开了一家收购店，门口赫然挂出一牌，牌上写着：本店急收×寸长的旧铁钉，一元一枚。

老二后悔得捶胸顿足。老大将小铁钉换回了一大笔钱。

慈眉善目的店主走近呆立在街上的老二,问:"孩子,同一条道上,难道你就一个铁钉也没看到?"

老二很沮丧:"我当然看到了。可那小铁钉并不起眼,我也根本没想到它竟然这么值钱,等我知道它很有用时,这不,那可恶的家伙却全部消失了。"

"孩子,上帝时刻在你们身边。小小的铁钉,看似一文不值,可在关键时刻,它价值连城啊!不善积累的孩子,不是上帝不给你机会。"话刚说完,这位须发飘雪的老者风一样地飘去了。

老子曾说:"不积跬步,无以至千里,不积小流无以成江海,合抱之木,生于毫木,千里之台,起于垒土。"饭要一口一口地吃,事要一点一点地做,想成就一番大事业的人同时也千万不要忽视了那些不起眼的小事情,也许

第九章
弱点——剔除人生的毒瘤，做最好的自己

正是因为这些小事为你打开了成功大门。

其实，成功不是一件难事，只要我们努力做好每一件小事就可以了。

在做的过程中，尤其是在一开始，不要被大事吓倒，而要"大处着眼，小处着手"，这是一句大家耳熟能详的谚语。但是，许多人虽然做到了前半句的"大处着眼"，却忘了后半句的"小处着手"。毕竟，大处着眼式地梦想美好的未来，令人愉悦；面对必须流血流汗的小处着手，却令人心烦。

小处着手的思考，将使目标不再遥远；而小处着手时，我们也会感到比较踏实，因此，能够大处着眼，却忽略小处着手的可能性就大为降低。

老子说："治大国，若烹小鲜。""大处着眼、小处着手"的意义正在于此，也唯有如此，恢弘的事业，才有可能成为实现。

成功与不成功之间的距离，并不像大多数人认为的是一道巨大的鸿沟。成功与不成功的差别在一些小小的动作：每天花5分钟阅读、多努力一点、在适当时机的一个表示、行动上多费一点心思等，结果都会带来惊人的不同。

10 实干
   胜于空谈

给沮丧者一个拥抱比说100句同情的话更能帮助他走出心灵的雨季。

师傅有两个弟子，其中二徒弟很会说话，甚是讨师傅的欢心。大徒弟总是话很少，不问他，他就不开口，办起事来却很踏实。

有一天，师傅为了考验两个徒弟的真本事，就把他们叫到跟前，说："后山有一片竹林，那里的竹子很直很粗，我们正好需要一些来搭建一座凉棚，你们在两天之内把那些竹子给我弄回来吧！"

爱说话的徒弟很高兴地答应了，还不失时机地恭维一下师傅，乐得师傅直点头。

不爱说话的大徒弟一声没吭，跟着走了。

可是，没过多久，爱说话的二徒弟就回来了，他说自己干得很卖力，一点儿都没有休息，反倒是大师兄一会儿砍一会儿停的，他怕耽搁了事情，于是回来报告。

师傅有点儿不高兴了，他想，这个大徒弟一向很勤快，原来只是表面的

第九章
弱点——剔除人生的毒瘤，做最好的自己

功夫，离开了自己就偷懒了。还好，叫他们分开砍，要不然他就滥竽充数了。

想到这些，他对二徒弟说："你先去吧，我待会儿过来再说。"

等师傅到后山的时候，却看见大徒弟累得满头大汗，砍倒了一大片的竹子，而二徒弟的身后只有一点点，他还在那里呼呼大睡呢。

师傅顿时火冒三丈，将二徒弟逐出了师门。

少说多做的人，总会受到人们的喜爱；少做多说的人，会遭到人们的鄙视。

美国独立战争时期，有一天，华盛顿骑马经过一队士兵面前，他们正在设法把一根大梁放到屋顶上去。

班长拼命喊着以鼓舞士气，但没有用。华盛顿问他为什么不参加进去，帮一把力。那个班长脱口而出："难道你看不出我是班长？"

华盛顿礼貌地说："对不起，班长先生，我没有想到。"

华盛顿于是下马同那些士兵一起干，直到把那条大梁放上去为止。他擦把汗说："如果你们以后需要帮忙，可以找你们的总司令华盛顿，我一定会来。"

在很多人看来，"说"比"做"高贵得多。那些只需指挥别人干这干那而不亲自动手去做的人往往都被称为"领导"。于是人们更喜欢"说"而不是"做"。人们在领导工作团队时总是用嘴来指导工作；在别人遭遇困难时总是用嘴给予帮助；在别人伤心垂泪、需要同情和安慰时，人们仍然更多地用嘴来抚慰伤心者的心灵……

可是人们常常会发现，自己已经说得口干舌燥了，可下属仍然不明白新的工作内容、掌握不了好的工作方法，工作积极性仍然不高；朋友和同事也没有对自己的出谋划策心存感激；伤心垂泪的人也没有因为我们的口口声声的同情而心情舒畅……

你可能会问："为什么会这样呢？"就是因为人们太迷信"说"了。实际上"说"并不比"做"更有效、更权威、更高贵。相反，给下属做一遍示范往往比站在那里讲100遍新的工作方法更能让他们领会和接受。同样的，给沮丧者一个拥抱比说100句同情的话更能帮助他走出心灵的雨季。"做"更能证明你的实力、你的善良、你的温情，更能为你赢得权威。

在这个注重执行的年代，要想树立权威，得到认同，就不能做"语言的巨人，行动的矮子"，你必须用实际行动证明自己。

第十章
友谊——让生命充满阳光

在生活中,人们之间的相互理解、相互关爱以及相互信任、体贴,可以帮助一个人渡过一个又一个难关。友谊是人人都盼望拥有的财富,朋友是一生不可或缺的精神支柱。拥有真挚的友谊,就像在冰天雪地的寒冬获得了一缕阳光,在干涸孤寂的沙漠寻觅到一片绿洲。拥有了友谊,生活和事业都不再孤单。

01 储蓄友情

当被一个朋友伤害时,要写在易忘的地方,风会负责抹去它;相反的,如果被帮助,我们要把它刻在心里的深处,那里任何风都不能磨灭它。

朋友就像夏日漫长旅途中的一棵大树,能为我们遮风挡雨,为我们继续前行积蓄力量。很多人平时不注意结交真心朋友,到需要帮助的时候就会一筹莫展,抱怨没人伸出援助之手。而成大事者深深懂得关系的价值,强调"以朋友为人生最大的财富"。对他而言,朋友是他们的依靠和勇往直前的动力所在。

传说有两个朋友在沙漠中旅行,在旅途中,他们吵架了,一个还给了另外一个一记耳光。被打的觉得受辱,一言不语,在沙子上写下:"今天我的好朋友打了我一巴掌。"他们继续往前走。直到到了沃野,他们决定停下。游泳时,被打巴掌的那位差点淹死,幸好被朋友救了起来。被救起后,他拿了一把小剑在石头上刻了:"今天我的好朋友救了我一命。"一旁好奇的朋友问说:"为什么我打了你以后,你要写在沙子上,而现在要刻在石头上呢?"他回答

第十章
友谊——让生命充满阳光

说:"当被一个朋友伤害时,要写在易忘的地方,风会负责抹去它;相反的,如果被帮助,我们要把它刻在心里的深处,那里任何风都不能磨灭它。"

这种友情的基础不是相互利用,相互借助势力,互相奉承吹捧,而是真心相助,相互理解,不图回报。

在哈佛人看来,朋友比世上所有的钱都珍贵。为了朋友,可以牺牲生命。

有两个亲密的朋友,因为战争被分开而生活在不同的王国。

有一次,其中的一个去看望另一个,因为他来自敌国,所以被当作间谍囚禁起来,判了死刑。

再多的恳求也救不了他的命,所以他乞求国王发一次善心。"陛下,"他说,"你让我回自己的国家待一个月料理好后事,这样我死了以后我的家庭还能得到照顾,月底我就回来接受死刑。"

"我怎么能相信你还会回来?"国王说,"你给我什么保证?""我的朋友可以保证,"这个人说,"如果我不回来,他可以替我死。"国王把这个人的朋友带来,惊讶地发现他的朋友对这个条件表示同意。

到了这个月的最后一天,太阳落下去,那人还没有回来。国王下令把他的朋友处死。就在刀即将落下的时候,那个人飞快地赶回来了,把刀搁在自己的脖子上。可是他的朋友阻止了他。

"让我替你死吧!"他请求道。

国王被深深地感动了。他下令把刀拿开,两个人都得到了宽恕。

"既然你们有这么深的爱和友谊,"国王说,"我恳求你们让我也加入进来吧。"从那一天起,他们都成了国王的朋友。

人生能得到这样的知己,真是一生的幸事。

交友的基础是真诚,歌德曾说过:"品格换品格。"真诚可以在信赖的人们之间架起心灵之桥,通过这座桥可以打开对方心灵的大门。宽厚待友,即是关心帮助朋友,当自己的利益同朋友的利益发生冲突时,克己奉友;对朋友宽宏大量,特别是出现误解时懂得退让。做到这些,终可以得到朋友的尊重与回报。

获得真正友情的人,就为人生储蓄了一大笔财富。

第十章
友谊——让生命充满阳光

02 储存朋友

人与人之所以会成为朋友，是因为在友谊中彼此能收获一份美好的情感或其他东西。

有人说："看一个人的人际关系，就知道他是怎样的人，以及将会有何作为。大多数人的成功，都源于良好的人际关系。"交友的人要善于储存朋友。人与人之所以会成为朋友，是因为在友谊中彼此能收获一份美好的情感或其他东西。前提是我们要知道自己能给予别人什么。

卡耐基有这样一位朋友，既没有学历，也没有金钱，更没有人事背景，但他却成为一个成功的企业家。他的成功是缘于他是一个很会体贴他人的人，他对周围人的体贴，甚至超过了别人的需求。只要你说要上他那里玩，他就会表示万分的欢迎，希望你能在他那儿住几天。背地里，无论是多么拮据，内心多么苦恼，他都好像随时在等着你的来临，热情地接待你。甚至在你回去的时候，还要为你准备些小礼物、土特产。

无论多么忙碌，他都不会表现出你的来访对他会是一种麻烦困扰，就连平时最害怕打扰朋友的人,也会常去他那儿坐坐。他说:"像我这样既无学历,又没财力,更没有人事背景的人,能有今天的成就,实在有说不出的辛苦。像我这样一无所有的人,如果要与别人来往,就不能不令对方感到和我来往,会得到某些愉快与益处。"

事实上,以前的他是孤独的,别人都不想理他,不想与他往来。他一直忍耐着寂寞,努力奋斗,度过那段日子,而他也就在其中学会了与人交往之道,比如给别人某些方面的益处,精神的或者物质的。正是因为这样,他拓展了自己的社交圈,结交了各种各样的朋友,才为他后来的事业成功准备了良好的人脉。

朋友交往之道,首先想到的应该是给予而不是索取,只想索取是无法交到朋友的。对周围的人怀着期待之心,算计之意,认为与自己接触的人,都会带给自己某些利益。这样的人太过急功近利,不要说能交成多少朋友,即便是有些朋友,到头来也会渐失人心,成为孤家寡人。

其次,交朋友不能太过挑剔,这样才能广交朋友。朋友按不同的标准可划分为不同的类型,可根据不同的类型,采用不同的社交策略,建立合理的人际关系网。他山之石,可以攻玉。广泛地结交那些不同职业、不同爱好、不同身份的朋友,有时也能相得益彰。结交各式各样的朋友,对于取长补短,开阔视野,活跃思维,都是有益的。

还要注意的是网罗你的朋友的过程要循序渐进,不能太操之过急,否则就会适得其反。

布朗先生参加一个社交聚会,交换了一大堆名片,握了无数次手,但因为接触的太多了,一时也搞不清楚谁是谁。

几天后,他接到一个电话,原来是几天前见过面,也交换过名片的"朋友",因为他名片设计特殊,让布朗先生印象深刻,所以记住了他。

这位"朋友"也没什么特别目的,只是和他东聊西聊,好像两个已经很

第十章
友谊——让生命充满阳光

熟了那样。

布朗先生不高兴,因为他和那个人没有业务关系,而且也只见了一次面,他就这样打电话来聊天,让他有被侵犯的感觉,而且,也不知和他聊什么好!

在现代社会中,这种情形常会出现,以这位"朋友"来看,他有可能对布朗先生的印象颇佳,有心和他交朋友,也有可能是为了业务利益而先行铺路,所以主动出击。但不管基于什么样的动机,他采取的方式犯了人际交往中的忌讳——操之过急。

不要妄下判断谁对你重要、谁会成为你的好朋友。第一印象往往是最不可靠的,所以在未与人深入交往,亲身感受的情况下,不要对他人妄下判断,因为这种先入为主的观念会影响你与他今后的交往。同时,也不要随便听信别人的闲言碎语,让自己保持一个开朗的胸襟,实事求是地去评断每一个人。这样你才会有一个广泛的交友空间,才能交到你想交的朋友。

大量事实证明,机遇与交际能力和交际活动范围成正比。因此,我们应把开展交际与捕捉机遇结合起来,充分发挥自己的交际能力,不断扩大交际圈,多"储存"朋友,才能发现和抓住发展的机遇。

03 用真心换真情

对于友情的最终考验,还是那永恒不变的真诚。它不但是构建友情的基础,也是构筑一切美好、神圣、高尚的基础。

国外有一句谚语:"你若想获得一年的收成,就去种地吧;你若想获得10年的成就,就去培育感情和朋友吧!"

一份真正深厚、牢固的感情,即使经过风吹雨打,沧海桑田的变迁也不会褪色,反而会更加深厚。

当我们对一些人几十年如一日地恪守如誓言般的朋友之情而感到惊奇和赞叹时,不禁要问一声,他们是凭什么使这友谊如此之牢固?

晋安的一位亲近朋友到别的县当了县官。几年之后,晋安到那个县办事,那位朋友请他到家做客,席间给他端来一盘香喷喷的抓饭。晋安正要美餐一顿,这位当县官的朋友却接连不断地向他询问情况:"家乡的父老乡亲都好吧?"

"托您的福,一切都很平安。"晋安回答。

"我的儿子还好吧?"

第十章
友谊——让生命充满阳光

"比您想象得还要好。"

"我母亲的身体安康吧?"

"就像您自己亲眼见到的一样。"

"我们家那条大黑狗还在吧?"

"在,从不让外人进您家门。"

"我那匹枣红马还壮实吧?"

晋安的肚子饿得早已咕咕叫了,可县官朋友还是没完没了地提问,使他无法进餐,当他刚要动手吃饭时,县官朋友又问道"很好,你是说我们家那条大黑狗还是那么精明是吗?"

"不,我临出门前的一天它死了。"晋安不耐烦地说。

"啊,是真的吗?"县官朋友瞪大了眼睛,"它是怎么死的?"

"是吃您那匹枣红马的骨头卡在喉咙里卡死的。"

"啊,我那匹马也死了,它又是怎么死的呢?"

"在安葬您妻子时,掉进墓穴,它折断了脖子。"

"啊,你是说我妻子?"

"是的,您妻子为您儿子的不幸悲伤过度,也去世了。"

"天啊!我儿子也夭折了?"

"对!您家的房子塌了,把他压在了底下。"

"我那可怜的宝贝儿子,我那可怜的爱妻,你们怎么这样无情,抛下我走了呢?"

晋安趁县官朋友哭丧之机,狼吞虎咽地吃起来,待吃完饭后对县官朋友说:"朋友,在您高兴的时候我挨了饿,在您悲痛的时候我吃饱了肚子,谢谢,再见。"说完,晋安就走了。

朋友之间要时时刻刻体贴对方,为对方着想,这样友谊才会长久。如果当你自己得意的时候,你不会想到他人,那么当你失意的时候也就没人会理你了。

世上最能征服人心的,就属真诚了。而天长地久的朋友,都是双方捧出两颗滚烫的真诚的心换来的。

对于友情的最终考验,还是那永恒不变的真诚。它不但是构建友情的基础,也是构筑一切美好、神圣、高尚的基础。因为当人们做到真诚的时候,他们的话就值得信任。他们言为心声,说一不二。真诚可以建立爱与信任的纽带。

罗兰说,真诚是使一个人伟大的最基本的力量,它使一个人的缺点或错失也变得值得原谅。

"我这颗心,对一颗坦诚相见的心,是极易流露的,对诡计和诈忤却要关上大门。"法国哲学家卢梭如是说。

学会交际的能力很重要,善于运用交际能力也很重要,但我们与人交际时,千万不要忘了真诚。否则将预示着交际的失败。

第十一章
处世——点燃智慧之光

处世之道是一门艺术,不是人人都能掌握的。在与人的交往中,因为处世的方式不同,产生的效果就会天差地别。一个人的事业成功,20%靠专业知识,40%靠人际关系,另外40%需要观察力的帮助。成功的要素包括靠社交和处世,借助丰富的人脉关系,你就能够迅速打开事业成功的大门。

01 永远不要以貌取人

一身珠光宝气的人不一定有真才实学，而衣着简朴的人也不一定是庸才。

乌鸦和喜鹊在争论谁最受人欢迎，双方争执不下。这时，一群人正在盖房子，乌鸦提议说："我们比一比，看谁受盖房子的人欢迎，谁就赢了。"

喜鹊欣然同意。乌鸦首先飞到一棵大树上，对着盖房子的人高声叫道："高楼大厦！高楼大厦！"

盖房子的人看到乌鸦在枝头上，认为晦气，不禁大怒，捡起石头朝乌鸦砸去，乌鸦落荒而逃。

喜鹊说："看我的。"它飞到枝头，高声叫道："快要塌了！快要塌了！"人们看到喜鹊在枝头高叫，觉得很吉祥，非常高兴，就赶忙扔些食物给它。喜鹊衔着一块食物飞走了，乌鸦甚为羞愧。

乌鸦高叫"高楼大厦"，结果却得到了石头；而喜鹊大喊"快要塌了"，却得到了人们的厚待。在这则寓言中，人表现得愚蠢透顶。

第十一章
处世——点燃智慧之光

人不可貌相，海水不可斗量。人要紧的是心灵，而非五官和肢体。但有些时候，很多人都会犯下以貌取人的错误。比如他们会对那些衣着光鲜的人表示出羡慕和敬仰，对那些外表朴素平凡的人则会投去轻蔑的一瞥。很多人认为从外在形象中可以看出这个人的气质修养、才干学识、品德操守、身份地位等。但事实证明，并非如此。达官显贵未必就心灵高尚；贫贱卑下，未必就心灵不美。

"以貌取人，失之子羽"，孔子尚且会犯这样的错误，我们更应小心警惕。在对待人和事物时，不能仅仅凭借眼前的一点表象，因为它只反映了这个人或这件事目前的状态。要知道美丽的白天鹅可能是从丑小鸭变来的，美丽的蝴蝶是由丑陋的蛹变来的。所以，应该把目光放得长远些，对人和事从本质上进行分析，判断，只有掌握了这些，才能做出正确的、客观的决策。

任何时候都不要以貌取人。一身珠光宝气的人不一定有真才实学,而衣着简朴的人也不一定是庸才。不管是与人交往,还是选拔人才,永远不要把外在形象当作唯一的标准和考虑因素,要与他进行深入的交谈,听一听他说的是"高楼大厦"还是"快要塌了"。宁可选择衣着简朴而有真才实学的人,也不要与那些外表光辉内心却空洞无物的人为伍。

第十一章
处世——点燃智慧之光

02 凡事给别人留有余地

人生就是这样,不让别人为难,才不会让自己为难;让别人活得轻松,自己才活得自在。

一个微凉的初秋晚上,小和尚智远在禅院里散步,忽然发现墙角摆了一张高脚椅子。他心想,这一定是有人不守寺规,趁黑夜翻墙出去游玩了。

夜深人静的时候,果然有人由外面越墙而入。小和尚惊讶地发现,那人竟是师叔——本院的执法僧惠明。

小和尚一连观察了几天,他想:"不能让这种事继续下去了,我必须想一个好办法来制止他。"

等到夜幕再次降临,执法僧故技重施。小和尚将椅子搬到一旁,弯身蹲在原处等候。不久惠明师叔翻院墙回来了,发现脚下有些异样。原来,他踩的不是椅子,而是小和尚的背脊。

"智远,怎么是你?"执法僧顿时手足无措,不知如何是好。

小和尚调皮地说:"师叔啊,你把我踩痛了。"然后,他若无其事地晃了晃脑袋，径自睡觉去了。

从此以后，惠明再也不敢翻院墙出去夜游了。让他奇怪的是，好像没有人知道那天夜里发生的事。很多年过去了，惠明从执法僧做到了住持，最后成为一代宗师，可他怎么也忘不了脚下踩过的小和尚的背。

小和尚是聪明的，也是智慧的，但更是厚道的。厚道是什么呢？就是不刻薄，凡事给别人留有余地。在通常情况下，留有余地，就是给事情出现偏差后留有回旋的空间。俗话说："利不可赚尽，福不可享尽，势不可用尽。"

我们中的很多人都有"较真"的毛病，眼里不揉沙子。发现别人犯了错误，立刻就声色俱厉地予以批评，一点回旋的余地都不留给别人。其实，这样做不会给我们带来任何好处。待人处世，也需要留有余地，是进退自如，是收放从容，是处世的艺术，是人生的哲学。

所以，真正的智者就是像小和尚那样不把事情做绝，不把事情做到极点，于情不偏激，于理不过头。在给别人留余地的同时，也给自己留余地，让自己行不至绝处，言不至极端，有进有退。这样，日后才能更机动灵活地处理事务，解决复杂多变的问题。

人生就是这样，不让别人为难，才不会让自己为难；让别人活得轻松，自己才活得自在。给别人留有余地，他才会感激你、协助你，这也就等于给了自己一次成功的机会。

第十一章
处世——点燃智慧之光

03 直言直语
   不一定是优点

没有多少人喜欢听大实话——尤其是批评自己的大实话——尽管人们表面上都表示喜欢接受直言直语。

巴甫洛夫是俄国杰出的心理学家,他32岁才结婚。如同他杰出的研究成果一样,他的求婚也别具一格。

1880年的最后一天,巴甫洛夫还在他的心理实验室没回来,许多朋友在他家等他。天下着雪,彼得堡市议会大厦的钟敲了11下。一个同学不耐烦地说:"巴甫洛夫真是个怪人。他毕业了,又得过金牌,照理可以挂牌做医生,那样既赚钱又省力,可他为什么要进心理实验室当实验员呢?他应该知道,人生在世,时日不多,应该享享福、寻寻快活才是呀。"

在同学里面,有一个教育系的女学生叫赛拉非玛。她听了那个同学的话,站起来说:"你不了解他。不错,人的生命是短促的,但正因为如此,巴甫洛夫才努力工作。他经常说,在世界上,我们只活一次,所以更应该珍惜光阴,过真实而又有价值的生活。"

夜深了，同学们渐渐散去，赛拉非玛干脆到实验室门口去等巴甫洛夫。

钟声响了12下，已经是1881年元旦了，巴甫洛夫才从实验室出来。他看到赛拉非玛，很受感动，挽着她的手走在雪地上。突然，巴甫洛夫按着赛拉非玛的脉搏，高兴地说：“你有一颗健康的心脏，所以脉搏跳得很快。”

赛拉非玛奇怪了：“你这是什么意思？”

巴甫洛夫回答：“要是心脏不好，就不能做科学家的妻子了。因为一个科学家，把所有的时间和精力都放在科研工作上，收入又少，又没空兼顾家务。所以做科学家的妻子，一定要有健康的身体，才能够吃苦耐劳、不怕麻烦地独自料理琐碎的家务。”

赛拉非玛当即会意，说：“你说得很好，我一定做个好妻子。”

就这样，他求婚成功了。在这一年，他们结婚了。

说话是一种艺术。同样一件事，以不同的语言方式说出来，就会达到不同的效果。很多人不注意语言艺术，说话时总是直来直去，结果对他人造成了伤害。很多人认为，直言直语是单纯和率真的表现，是人性中一种很可爱的特质。但在人性丛林里，直言直语不但不是优点，相反还会给你带来麻烦。直言他人做事的不当，或纠正他人性格上的弱点，不是"爱之深，责之切"，而且，你的言语也起不了多少效用，因为每个人都有一个内心屏障，你去打破他的屏障，无异于挑衅、激怒他做出偏激的反应。

实际上，没有多少人喜欢听大实话——尤其是批评自己的大实话——尽管人们表面上都表示喜欢接受直言直语。所以，在生活中，要注意语言艺术，话到嘴边留半句，对于批评和指责，能不讲的就不讲，要讲就迂回地讲，点到为止。委婉含蓄，更有利于你拥有一个和谐的人际关系网。

第十一章
处世——点燃智慧之光

04 只有为别人点燃一盏灯，才能照亮我们自己

为别人点燃我们自己的心灯吧，这样，在生命的夜色里你才能寻找到自己的平安与祥和。

一个漆黑的夜晚，一个苦行僧走到了一个荒僻的村落，漆黑的街道上，络绎的村民们在默默地行走。

苦行僧转过一条巷道，他看见有一团晕黄的灯从巷道的深处静静地亮过来。身旁的一位村民说："瞎子过来了。"

瞎子？苦行僧愣了，他问身旁的一位村民说："那挑着灯笼的真是一位盲人吗？"

他得到的答案是肯定的。

苦行僧百思不得其解。一个双目失明的盲人，他根本就没有白天和黑夜的概念，他看不到高山流水，看不到柳绿桃红的世界万物，甚至不知道灯光是什么样子的，挑一盏灯笼岂不令人迷惘和可笑？

那灯笼渐渐近了，灯光渐渐地游移到了僧人的芒鞋上。苦行僧问："敢

问施主真的是一位盲者吗？"那挑灯笼的盲人告诉他："是的，自从踏进这个世界，我就一直双眼混沌。"

僧人问："既然你什么也看不见，那你为何挑一盏灯笼呢？"盲者说："现在是黑夜吗？我听说在黑夜里没有灯光的映照，那么满世界的人都和我一样是盲人，所以我就点燃了一盏灯笼。"

僧人若有所悟地说："原来您是为别人照明了？"

但那盲人却说："不，我是为自己！"

"为你自己？"僧人又愣了。

盲者缓缓向僧人说："你是否因为夜色漆黑而被其他行人碰撞过？"

僧人说："是的，就在刚才，还不留心被两个人碰了一下。"

盲人听了，深沉地说："但我就没有。虽说我是盲人，我什么也看不见，但我挑了这盏灯笼，既为别人照亮了路，也更让别人看到了我自己，这样，他们就不会因为看不见而碰撞我了。"

苦行僧听了，顿有所悟。他仰天长叹说："我天涯海角奔波着找佛，没有想到佛就在我的身边，原来佛性就像一盏灯，只要我点燃了它，即使我看不见佛，但佛却会看到我的。"

好多人并不愿意帮助别人，往往使自己陷入困境而不自知。当你为别人照亮路途的时候，却让自己避免了他们的碰撞。为别人点燃我们自己的心灯吧，这样，在生命的夜色里你才能寻找到自己的平安与祥和。

生活中，有许多纯属偶然的机遇会决定你的未来命运，前提是你必须帮助别人和受别人帮助。

每一个事业有成的人，在成功的道路上，都曾经得到过别人的许多帮助。因此，我们应该把帮助别人作为回报，赠人玫瑰，手有余香。同时，我们也应该相信，帮别人就是帮自己。

医学界研究发现，当我们在宽恕、赞美、感谢或对别人做好事时，体内就会分泌出对身体有益的养分来。也就是说,在我们为别人着想时,即宽恕、赞美、感恩别人时,自己先受益。如此看来,爱自己的人,最好的方法就是先去爱别人。

换句话说,我们在有必要与他人交往时,要增加一些互助精神,因为帮助别人的同时就是在帮助自己。

05 学会忍耐，
　　感谢折磨你的人

合理的叫训练，不合理的叫折磨，但对于年轻人来说都是一样的锻炼。

希勒尔是犹太历史上最伟大的拉比。

一次，有两个人打赌，说好谁能让希勒尔拉比发火，就可以赢400元钱。

这天刚好是安息日前夜，希勒尔正在洗头。

第十一章
处世——点燃智慧之光

这时,其中一个人来到门前,大声喊道:"希勒尔在吗?希勒尔在吗?"

希勒尔赶忙用毛巾包好头,走出门问道:"孩子,你有什么事?"

"我有个问题要请教。"

"那就请讲吧,孩子。"

"为什么巴比伦人的头是圆的?"

"你提出了一个重要的问题,原因在于他们缺乏熟练的产婆。"

这个人听完,就走了。

过一会儿,他又来了,大声喊道:"希勒尔在吗?希勒尔在吗?"

希勒尔拉比连忙又包好头,走出门来问道:"孩子,你有什么事?"

"我有个问题要请教。"

"那就请讲吧,孩子。"

"为什么帕尔米拉的居民都烂眼睛?"

"你提出了一个重要的问题,原因在于他们生活在沙尘飞扬的地区。"

这个人听完,又走了。又过了一会儿,他又回来了,还是像先前一样请教问题。

"为什么非洲人长的都是宽脚板?"

希勒尔拉比回答了他。

这次这个人听完没走,又说道:"我还有许多问题要问,但我怕惹您生气。"

希勒尔干脆把身上都裹好了,坐下来说:"有什么问题,你尽管问吧。"

"你就是那个被人们称为以色列亲王的希勒尔吗?"

"不错。"

"要真是这样的话,但愿以色列不要有许多像你这样的人。"

"为什么呢?"

"为了你,我输掉了400元钱。"

希勒尔问明情况后,对他说:"记住了,希勒尔是值得你为他输掉400元钱的,即使再加400元也不算多,不过希勒尔是决不会发火的。"

忍耐是一种定力,是自制,是约束。忍耐不是悲观失望,而是等待时机;不是放弃退却,而是以退为进。生活中那些看似刁难你、折磨你的人,往往能够造就你更快取得成功;看似折磨、煎熬你的环境,却总能历练出最后的强者。因此,在困境中,要懂得忍耐。

对于年轻人来说,如果你不愿让命运主宰你的一切,但又没有扼住命运咽喉的本领时,切记,应当学会忍耐,注重积累。记住:合理的叫训练,不合理的叫磨炼,但对于年轻人来说都是一样的锻炼。

忍耐的培养,其实质是意志的培养,忍功是修养第一功,它可以磨平你的锐气,但也可以雕琢出你的勇气。百忍成钢,当你的心性修炼得有如镜子般明澈、流水般柔韧时,当你切切实实生活在不以物喜,不以己悲的宁静中时,当你发觉胸中不断流动着"虽千万人而吾往矣"般的勇气时,你的功夫也就练成了。

忍耐并非懦弱,只因你看得更远,有更大的追求。

在生活的道路上,每个人都会因为一些事情而烦恼、苦闷,如果我们从中吸取一份人生的经验和教训,就会把坏事变成好事。

罗曼·罗丹曾说:"只有把抱怨别人和环境的心情化为上进的力量,才是成功的保证。"经受别人的考验,提升自身的张力,你才会在众人之中脱颖而出。

谚语云:"万事皆因忙中错,好人半自苦中来。"要成就一件事情,须观察时机,相时而动,不可操之过急。受苦忍耐是一种承担、一种处理、一种等候。许多事业有成者都在忍耐多次失败后,才取得最终的成功。

急于求成,不如在艰难困苦中忍耐,一旦时机成熟,必然水到渠成。苏轼在《留侯论》中说:"古之所谓豪杰之士者,必有过人之节,人情有所不能忍者。匹夫见辱,拔剑而起,挺身而斗,此不足为勇也。天下有大勇者,卒然临之而不惊,无故加之而不怒,此其有所挟持者甚大,而其志甚远也。"

  忍耐不是逆来顺受,不是消极颓废,也不是在沉默中丧失信念,而是在人生处于低潮或困惑时采取的保护性措施,重视它,就可以使自己在今后的人生道路上越走越顺。

06 合作出效益

一个人在工作中最明智且能获得成功的捷径就是善于同别人合作。

个人的力量是有限的,一个人的快速成长离不开别人的帮助,如果你没有自己的人脉资源,便很难快速发展。单枪匹马势必势单力薄,任何危机都可能使你一败涂地。个人的发展需要机遇,而人脉资源能给你提供机会,并帮助你抓住机会。

汉克斯在大学里学的是计算机专业,进入一家开发公司半年后,就被选拔进入了一个重要的研发小组。汉克斯听说上司非常欣赏自己的计算机应用能力才决定让他参加研发小组的,不禁有些沾沾自喜,甚至自我骄傲起来。但他很快就发现,有些人虽然计算机应用能力不如他强,但是却具有丰富的研发经验和卓越的研发能力。特别是汤姆,从来不露锋芒,拿出来的方案却闪耀着智慧的光芒,让许多自诩科班出身的人自惭形秽。自己的方案多次被否决之后,汉克斯意识到,单靠个人的力量,这个研发课题是很难攻克的,只有与人合作,才能有望取得成功。于是,他立刻做出改变,放下"架子",在研发过程

第十一章
处世——点燃智慧之光

中,一边暗中努力学习,一边虚心向别人请教。当然,他也诚恳地帮助别人,大家因此也乐意指点他,特别是汤姆。当他主动帮助汤姆解决了一个问题之后,汤姆会马上毫不犹豫地传授他几招实践中摸索出来的经验。这个课题完成之后,汉克斯的业务能力大为提高,自然也赢得了上司的青睐和同事的好评。

一位哈佛教授说过:"你手上有一个苹果,我手上也有一个苹果,两个苹果交换后每个人还是一个苹果;如果你有一种能力,我也有一种能力,两种能力交换后就不再是一种能力了。"

一家大公司招聘高层管理人员,9名优秀应聘者经过面试,从上百人中脱颖而出,闯进了由公司老板亲自把关的复试。

老总看过这9个人的详细资料和初试成绩后,相当满意。但此次招聘只能录取3个人,老总给大家出了最后一道题。他把这9个人随机分成甲、乙、丙三组,指定甲组的3个人去调查婴儿用品市场,乙组的3个人去调查妇女用品市场,丙组的3个人去调查老年人用品市场。老总解释说:"我们录取的人是用来开发市场的,所以,你们必须对市场有敏锐的观察力。让你们调查这些行业,是想看看大家对一个新行业的适应能力。每个小组的成员必须全力以赴!"临走的时候,老总又补充道:"为避免大家盲目展开调查,我已经叫秘书准备了一份相关行业的资料,走的时候自己到秘书那里去取。"

3天后,9个人都把自己的市场分析报告递到老总那里。老总看完后,站起身来,走向丙组的3个人,分别与之一一握手,并祝贺道:"恭喜3位,你们已经被录取了!"然后,老总看看大家疑惑的表情,微微一笑说:"请大家找出我叫秘书给你们的资料,互相看看。"原来,每个人得到的资料都不一样,甲组的3个人得到的分别是本市婴儿用品市场的过去、现在和将来的分析,其他两组的也类似。老总说:"丙组的人很聪明,互相借用了对方的资料,补齐了自己的分析报告。而甲、乙两组的人却分别行事,抛开队友,自己做自己的,形成的市场分析报告自然不够全面。其实我出这样一个题目,主要目的是考察

一下大家的团队合作意识,看看大家是否善于在工作中合作。要知道,团队合作精神才是现代企业成功的保障!"

作为职场中的个体,你可能会凭自己的才能取得一定的成绩,但你绝对不会取得更大的成功。如果你能善于合作,把自己融入整个团队当中,凭借整体的力量,你就能把自己所不能完成的工作任务解决好,老板会因此对你高看一眼,从而提拔你。所以,一个人在工作中最明智且能获得成功的捷径就是善于同别人合作。那怎样才能加强与同事间的合作,把自己培养成一个有团队精神的人呢?

第一,善于交流。同在一个公司工作,你与同事之间一定会存在某些差别,知识、能力、经历造成你们在对待和处理工作时,会产生不同的想法。交流是合作的开始,你要把自己的想法说出来,并且多听听对方的想法。

第二,平等友善。即使你各方面都很优秀,认为靠自己一个人的力量就能解决眼前的工作,也不要显得太张狂,因为以后肯定也会碰到自己的弱项,有需要帮助的时候。友善地对待对方,与同事做个朋友是个明智的选择。

第三,积极乐观。心情是可以传染的,没有人愿意和一个愁眉苦脸的人在一起。即使遇上了很麻烦的事,也要乐观,你要对你的伙伴们说:"我们是最优秀的,一定可以把这件事解决好。"

第四,让同事觉得他很高明。每一个人都非常重视自己,也希望别人重视自己,如果你在与同事的交往中完全让自己出风头、占上风,那么在场的其他人就会有压抑感,被强迫感,进而对你产生抵触情绪。所以,要想赢得与别人的合作,千万不要用命令的口气或方式使别人屈从于你,而要征询他的意见、想法,努力营造让他觉得自己很高明的氛围,这样,他就会很愉快地与你合作。

第五,站在同事的角度想一想。要努力去了解别人,从别人的角度来分析问题,这样既能减少不必要的摩擦,又能增进友谊促进合作。你可以试着把

第十一章
处世——点燃智慧之光

自己设身处地地放在对方的位置,问一下自己:要是我在这样一个环境里,我会怎么想,怎么行动?别人之所以那么想,一定有他自己的原因。如果你能站在同事的角度考虑问题,就会使你们合作得更愉快。

第六,接受批评。良药苦口利于病,忠言逆耳利于行。如果你能把你的同事当成朋友,坦然接受他的批评,那么他一定会乐于与你合作。

只要按照以上的几点去做,慢慢学着与人合作,你就会变成一个善于合作的人,你的业务能力将会大大提高,你将会做出更大的成绩。

第十二章
放下——退一步海阔天空

　　一个不成功的人，往往并不是没有目标，而是目标太多。这样的人什么都想要，什么都放不下，但因为精力和时间有限，结果什么都没有做好。在物欲横流的今天，如果不懂得去放下一些东西，负累太多，那么你永远也不会有成功的机会。所以，有时候"放下"是必要的，这样你才能轻装前行。

01 牺牲小利 获取大利

在生活中我们要学会舍弃一些小利益，一切从长计议，才能不被一些小利益迷惑，灵活变通地处理人和事，最终达成我们的目标。

有一个男孩常遭到同伴的嘲笑，因为每当别人拿一枚5角的硬币和一枚1角的硬币让他选择时，他总是选1角的硬币拿。

同伴们都笑他是一个笨蛋，没长脑子。有一位同伴觉得他太可怜了，就对他说："我来告诉你，虽然5角的硬币看起来比1角硬币要小些，但它的价值却是1角硬币的5倍，所以你应该拿5角的硬币。"

而那个小男孩回答道："假如我选的是5角硬币，下一次他们就不会拿钱让我选了。"

多么聪明的小男孩！多数人会在5角钱和1角钱之间选择前者。他们只紧紧盯着眼前利益，全然不顾这一举动对将来会产生什么影响。于是人际关系一次用完，做生意一次赚足，他们以为自己这样做很聪明，实际上却是在断自己的后路。

第十二章
放下——退一步海阔天空

　　归根结底，都是人的贪婪之心在作怪。如果不彻底摒弃贪婪心理，任凭你怎样努力也无法看到长远利益，无法做到牺牲小利而获取大益。所以要想让自己如小男孩一样聪明，就要控制自己的贪婪欲望。放弃眼前利益，获取长远利益是一种人生智慧。

　　试想取10次1角钱与取1次5角钱，哪一个能够获得更多利益呢？当然是前者。那么我们为什么不把眼光放得更长远一些呢？

　　生活中懂得变通思考的人，善于从丧失小利当中学到智慧。牺牲小利获取大利也是一种哲学的思路。

　　一个人如果只局限于自己的小圈子，只盯着自己眼前的或与自己有关的一点小利，做一个"近视眼"，这样的人不会有大的发展，也不会取得大的成就。

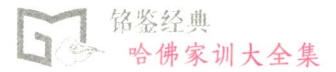

所以，要想干成一番大事业，就不能做"近视眼"，而要舍得舍弃一些"小利"，奔着"大利"而努力，要懂得放长线钓大鱼的道理。

佛语有云："舍得舍得，不舍不得。"只有能够"舍"才能够"得"，舍得"小利"，才能获得"大利"。如果做只盯着自己眼前"小利"的"近视眼"，或者是一毛不拔的铁公鸡，那么，别人也就不会帮你，你也就只能永远停留在自己原来的水平，甚至会倒退。因为别人都在"舍小利趋大利"地往前走，不进步就等于是在倒退。

一个青年向一个富翁请教成功之道。富翁拿了3块大小不等的西瓜放在青年面前："如果每块西瓜代表一定程度的利益，你选哪块？""当然是最大的那块！"青年毫不犹豫地回答。富翁笑了笑，说："那好，请吧！"富翁把最大的那块西瓜递给青年，而自己吃起了最小的那块。很快富翁就吃完了，随后拿起桌上的最后一块西瓜得意地在青年眼前晃了晃，大口吃了起来。

青年马上就明白了富翁的意思：富翁吃的瓜虽然不比青年的瓜大，却比青年吃得多。如果每块代表一定程度的利益，那么富翁占的利益自然比青年多。

有很多时候，我们发现眼前的利益就是最大和最好的，而等到我们把事情做完后才发现原来还要耗费那么多的精力和时间。而如果用同等的精力和时间去做别的事情，虽然一下子没有那么大的利益，但是做的事情却多得多，总利益也比这一件事情多得多。

所以，在生活中我们要学会舍弃一些小利益，一切从长计议，才能不被一些小利益迷惑，灵活变通地处理人和事，最终达成我们的目标。

第十二章
放下——退一步海阔天空

02 退一步
海阔天空

宽容绝对不是软弱的代名词，它是人生的一种大智慧，是建立人与人之间良好关系的法宝。

琼斯先生是一家啤酒厂的经营者。有一家公司的采购员克劳恩欠琼斯先生1000美元啤酒款长期未付。

一次，克劳恩来到啤酒销售部，对琼斯先生大发脾气，抱怨他出售的啤酒质量越来越差，并说社会上骂声一片，人们不会再买他们的啤酒了。最后竟说出自己欠的那1000美元钱也就免付了，原因是他出售的啤酒的质量的确不怎么样，并表示他所在的公司及他本人不再购买琼斯先生的啤酒等。

琼斯先生压住火气，仔细听完克劳恩的唠叨后，却出乎意料地向克劳恩赔起不是，声称啤酒质量确有不尽如人意之处，最后说："对于你的意见，我会尽快向厂部反映的。至于你欠的那1000美元啤酒钱，你要不付，也就算了，谁让我的啤酒一直不争气呢！你说今后你们公司和你本人不再买我的啤酒，这是你们的自由，随你们的便。你说我的啤酒质量有问题，我现在给你介绍另外

两家有名的啤酒厂……"

琼斯先生这一番话确实出乎克劳恩所料。克劳恩本意是不想付那所欠的1000美元，以啤酒一向质量不怎么样为借口试图堵琼斯先生的嘴。然而，琼斯先生没有单刀直入地正面反驳克劳恩，却用了巧妙的迂回战术，假装虚心承认并接受克劳恩的意见，待克劳恩发泄完后，即刻展开了攻势，用诚挚的话语，向对方表明啤酒厂的现状及未来的发展前景等。

最后克劳恩被琼斯先生的诚意和坦率所征服了，自此不但继续到该啤酒店为其所在的公司购买啤酒，而且还动员了另外几家兄弟公司及几个单位，常年向该啤酒店购买啤酒。

"退一步海阔天空"这个道理谁都懂，可是真的遇到相持不下的情况时，人们往往把它理解成了"你退一步，我海阔天空"。

很多人认为给别人"让路"是一种软弱的表现，所以他们往往为了所谓的面子和尊严而坚守自己的阵地，最终落得两败俱伤。记住，宽容绝对不是软弱的代名词，它是人生的一种大智慧，是建立人与人之间良好关系的法宝。它不会对你的面子和尊严有一点点损伤，相反它更容易帮助你赢得别人的尊敬——有谁会不钦佩一个心胸开阔的人呢？

社会是一个复杂的群体，我们不可避免地会与形形色色的人打交道。由于每个人的立场各不相同，不可避免地会在思想、习惯、信仰乃至价值观方面产生分歧。这时我们该怎么办呢？是旁征博引一定要别人认同我们的观点，还是求同存异宽容地接受呢？显然，我们不能让所有人认同我们的观点，因为我们的立场是不同的，一味地固执己见和相持不下都是徒劳无功的，这时需要我们退一步，宽容别人。

海格力斯是古希腊神话中的大英雄。有一天，他在坎坷不平的道路上行走，发现路边有个袋子似的东西十分碍眼。他心中有些不快，就朝那东西踩了一脚。谁知，那东西不仅没有被踩破，反而比先前鼓得更大了。海格力斯

第十二章
放下——退一步海阔天空

一看就火了,死命地朝那袋子踩去。没想到袋子越踩越大。海格力斯恼羞成怒,操起一根木棒就砸向袋子。袋子竟然像吹气一样迅速膨胀,一会儿就把路堵死了。

这时,智慧女神雅典娜出现了。她马上阻止海格力斯的行为,说:"快别动它了,我的朋友。它叫仇恨袋。你不犯它,它便小如当初;你侵犯它,它就会膨胀起来,挡住你的路,与你敌对到底。快忘了它,继续赶你的路吧!"

生活中我们也经常会犯和海格力斯一样的错误,遇到矛盾,我们据理力争,拼死拼活要争个面子,最后把事情弄到了不可收拾的地步。

如果我们遇事给自己5分钟的时间,冷静思考,也许想法就变了,就可以拥有更开阔的心境,可以做出更加睿智的决策。所以,我们要学会宽容,用博大的胸怀善待怨恨。退一步,海阔天空;忍一时,风平浪静。

03 一时的恩怨 何必挂在心上

只有宽容和豁达的人，才能化敌为友，赢得对方的真心尊重，享受人生的安宁和谐。

一个阳光明媚的早晨，格兰的礼品店依旧早早地开门。格兰静静地坐在柜台后边，欣赏着礼品店里各式各样的礼品和鲜花。

忽然，店门被推开了，走进来一位年轻人。他脸色阴沉，眼睛浏览着礼品店里的礼品和鲜花，最终将视线固定在一个精致的水晶乌龟上面。"先生，请问您想买这件礼品吗？"格兰亲切地问道。可是，年轻人的眼光依旧很冰冷。"这件礼品多少钱？"年轻人问。"50元。"格兰回答道。年轻人听格兰说完后，伸手掏出50元钱甩在柜台上。格兰很奇怪，自从礼品店开业以来，她还从没遇到这样豪爽、慷慨的买主呢。"先生，您想将这个礼品送给谁呢？"格兰试探地问了一句。

"送给我的新娘，我们明天就要结婚了。"年轻人依旧面色冰冷地回答着。格兰心里咯噔一下：什么，要送一只乌龟给自己的新娘，那岂不是给他们

第十二章
放下——退一步海阔天空

的婚姻安上一个定时炸弹？格兰沉重地想了一会儿，对年轻人说："先生，这件礼品一定要好好包装一下，才会给你的新娘带来更大的惊喜。可是今天这里没有包装盒了，请您明天再来取好吗？我一定会利用今天晚上为您赶制一个新的、漂亮的礼品盒……""谢谢你！"年轻人说完转身走了。

第二天清晨，年轻人早早地来到了礼品店，取走了格兰为他赶制的精致的礼品盒。

年轻人匆匆地来到了结婚礼堂——新郎不是他，而是另外一个年轻人！年轻人快步跑到新娘跟前，双手将精致的礼品盒捧给新娘。而后，转身迅速地跑回了自己的家中，焦急地等待着新娘愤怒与责怪的电话。在等待中，他的泪水扑簌簌地流了下来，有些后悔自己不该这样去做。

傍晚，婚礼刚刚结束的新娘便给他打来了电话："谢谢你，谢谢你送我这样好的礼物,谢谢你终于能明白一切,也能原谅我了……"电话另一边新娘高兴而感激地说着。年轻人万分疑惑,什么也没说,便挂断了电话。但他似乎又明白了什么,迅速地跑到格兰的礼品店。推开门,他惊奇地发现,在礼品店的橱窗里依旧静静地躺着那只精致的水晶乌龟!

一切都已经明白了,年轻人静静地望着眼前的格兰。而格兰依旧静静地坐在柜台后边,冲着年轻人轻轻地微笑了一下。年轻人冰冷的面孔终于在这瞬间被改变成一种感激与尊敬,"谢谢你,谢谢你,你使我懂得了谅解别人的真正意义,让我又重新找回了我自己。"

原来,格兰只是将一件定时炸弹似的水晶乌龟,换成了一对代表幸福和快乐的鸳鸯。没有想到,这在短短时间内的一个小举动,却最大程度地改变了一个人冰冷的内心世界。

古今中外,宽容被圣贤乃至平民百姓尊奉为做人的信念,也被视为育人律己的一条准则。正所谓"冤冤相报何时了,得饶人处且饶人。"这是一种宽容、一种仁慈、一种博大胸怀、一种不拘小节的潇洒。

宽容看起来是一件很矛盾的事,但如果不宽容而去相互伤害,只能导致冤冤相报的恶性循环。宽容不是对原则问题的一种让步,而是对他人的一些非原则性缺点和过失的一种宽容和谅解。

生活中,恩将仇报的人和事并不少,有机会报仇却选择了放弃,反而帮助自己的仇人脱离危险的人和事却不多见。但只有这样宽容和豁达的人,才能化敌为友,赢得对方的真心尊重,享受人生的安宁和谐。

俗话说:"退一步海阔天空,忍一时风平浪静。"对于别人的过失,必要的指责无可厚非,但若能以博大的胸怀去宽容别人,就会让世界变得更加精彩。人在一生中要走过漫漫的人生路,难免会有太多的不如意,退一步海阔天空,只要不忘记自己的最终使命,一时的恩怨又何必放在心上。

一个能够开创一番事业的人,一定是一个心胸开阔的人。人要成大事,就一定要有开阔的胸怀,只有养成了坦然面对、宽容一切人和事的习惯,才会在将来取得事业上的成功与辉煌。

用诚挚之心、宽容之气来感化对手,敌人也可成朋友。

即使一个非常宽容的人,也往往很难容忍别人对自己的恶意诽谤和致命的伤害。真正有胸襟的人能够做到以德报怨,并为自己赢得一个温馨的世界。正如释迦牟尼所说:"以恨对恨,恨永远存在;以爱对恨,恨自然消失。"

04 缺憾也是一种美

上帝是公平的，他关闭了一扇门，就会为你开启另一扇窗。

国王有五个女儿，这五位美丽的公主是国王的骄傲。她们那一头乌黑亮丽的长发远近皆知，所以国王送给她们每人一百个漂亮的发夹。

有一天早上，大公主醒来，一如既往地用发夹整理她的秀发，却发现少了一个发夹，于是她偷偷地到了二公主的房里，拿走了一个发夹。

二公主发现少了一个发夹，便到三公主房里拿走一个发夹；三公主发现少了一个发夹，也偷偷地拿走四公主的一个发夹；四公主如法炮制拿走了五公主的发夹；于是，五公主的发夹只剩下九十九个。

第二天，邻国英俊的王子忽然来到皇宫，他对国王说："昨天我养的百灵鸟叼回了一个发夹，我想这一定是属于公主们的，而这也真是一种奇妙的缘分，不晓得是哪位公主掉了发夹？"

公主们听到了这件事，都在心里想：是我掉的。可是头上明明完整地别着一百个发夹，所以都懊恼得很，却说不出。只有五公主走出来说："我掉了

第十二章
放下——退一步海阔天空

一个发夹。"

少了一个发夹的五公主披散着一头漂亮的长发。王子不由得看呆了，决定和公主一起过幸福快乐的日子。

缺憾给人许多伤感，但也给人收获，这主要取决于人的心态。有时候，缺憾也是一种美。一百个发夹，就像是完美圆满的人生，少了一个发夹，这个圆满就有了缺憾；但正因缺憾，未来就有了无限的转机、无限的可能性，这未尝不是一件值得高兴的事。

人的一生都在不停地追求自己的理想，在追求中不断地完善自己。每个人都向往着能有完美的人生，但人的一生中总会留下一次又一次的缺憾。的确，完美诠释了事物的最高境界，然而完美是海市蜃楼，是空中楼阁，是虚无缥缈的仙境。

只有缺憾的人生才是真实的。缺憾是你看到水中月亮的美姿，想伸手捞时却是一场虚幻之景；缺憾是你在踌躇满志的摆下棋盘之后，想把对方杀得片甲不留，没想到却是自己满盘皆输；缺憾是你在看一场精彩的演出时，一位演员表演时的小小失误；缺憾是你在作画之时，一不小心留下的一处败笔。

实际上在我们的生活中，处处都充满着缺憾。在风和日丽，春暖花开，鸟语花香的日子里，也会有电闪雷鸣，狂风暴雨；有美丽怡人的胜地，也有荒无人烟的沙漠；有日出时的壮美，也有日落时的悲凉；有季节交替的温馨，也有花开花落的惆怅。实际上生活原本就是这样，美好与缺憾总是并存的。

或许，生活原本因缺憾而美丽。维纳斯因断臂而成为美神；昙花因短暂的开放，才显得美丽绝伦；女娲因缺了一块陨石而没把天补全，因此，才有四季的美丽，才有百川入东海，泉水叮咚的美韵。

每一次缺憾，都是心灵的一次成长。如果你畏惧缺憾而担心失去，并且在失去中一蹶不振，那你永远也不会再得到。如果你不怕失去，重整旗鼓，东山再起，虽然失去却换回了无穷的魅力，实现了更有意义的得到，这时你就会

悟到"不失去哪会有得到"的道理。

罗兰说:"凡事不妨留一点缺憾,有缺憾,才会产生想要把缺憾补足的欲望,这欲望才可激发人的毅力和活力。"人生总会有缺憾,缺憾是古人的"为山九仞,功亏一篑"的无奈;是苏轼笔下的"人有悲欢离合,月有阴晴圆缺"的安慰;是淳于髡对齐威王"酒极则乱,乐极则悲"的劝解。

人生需要缺憾,我们感谢并珍惜缺憾,用海伦的话来勉励自己:"我一直在哭,一直在哭,哭我没有鞋穿,直到有一天,我看到有人没有脚……"

人生总有失意的时候,不要因为小小的缺憾而委屈。上帝是公平的,他关闭了一扇门,就会为你开启另一扇窗。缺憾也是一种美,让我们跨过缺憾,去追寻理想中的完美吧!